あなたはどちら派　大和心 vs. 大和魂　目次

まえがき

私は今ある悩みを抱いてパックバスツアーの車中に居る。新横浜駅からこだま号に乗車して三河安城駅で乗り継いだバスは三十六名の客を乗せて一路古都奈良へと向かっている。

乗客は古都奈良観光に相応しい年代層で占められ、夫婦連れと単身の男女で構成されている。個々人の何気ない仕草や表情にこれまで歩んできた人生の投影と後半生に賭ける各人の意気込みが感じ取れる。特に女性客にそれが顕著である。伊賀上野を経て程なく嫋《たお》やかな盆地に包まれた市街が眼下に広がってきた。奈良盆地である。

悠久の歴史を今に伝える古都の町並みは今も変わらずにひっそりと、しかし重厚な佇まいを見せている。栄枯盛衰《えいこせいすい》の人の世の浮き沈みを語る伽藍に響く松籟《しょうらい》（念仏）は未だ絶えずに響いているであろうか。

私は車中の雰囲気から一人取り残された気持ちで昨夜来の気掛かりな事案について振り返った。実は六十年近くも音信不通だった友から突然連絡があり、既に予約していたパックツアーを利用して彼と会う約束を交わしたのである。

その友とは中学卒業後、集団就職同様のかたちで共に国防を担う組織に奉公した奈良出身の仲間であった。一年間ほど寝食をともにした数百名のうちの一人である。

気掛かりとは彼との再会の場における相手の認識に関わることや過密な観光スケジュールとの時間的な折り合い、さらには対面時の自分の採るであろう態度などについてのことだった。

そうこうしているうちにバスは薬師寺の駐車場に停車し皆が降車しはじめた。ほどなくしてそれらしい人物が普段着のまま悠然と近づいてきた。まぎれもなく彼であった。一目で彼と認識した。お互いの「やあ」の一声が六十年の歳月の空白を一瞬にして埋めた。さらに彼の意図的な普段着姿もそれを助けてくれた。

聞けば定年退職後近くの大学に学び直し、資格を取って奈良の伝統文化を支える仕事についていた。さらには薬師寺の目と鼻の先に住居を移し替えて夫婦で住んでいるとのことであった。

南都六宗《なんとろくしゅう》（奈良仏教）の一つである唯識《ゆいしき》派の思想を奉じる法相宗《ほうそうしゅう》の寺である薬師寺においては、華厳宗《けごんしゅう》、真言宗《しんごんしゅう》の他、三論宗《さんわしゅう》や律宗《りっしゅう》なども学ばれていて言わば北都（京都）の比叡山延暦寺に比肩するほどの南都に位置する仏教の専門大学ともいえる寺であったとのことである。

あとで調べてみたら南都六宗とは華厳宗《けごんしゅう》、法相宗《ほうそうしゅう》、三輪宗《さんわしゅう》、律宗《りっしゅう》、倶舎宗《くしゃしゅう》、成実宗《じょうじつしゅう》の六つの学宗のことであった。これらの宗派はもっぱら仏教の論（解説）を中心とするものであったが、華厳宗のみは経（経典）を重視したようである。

いわば東京都に六大学が設立されたと捉えればよいであろうか。その卒業生が後にそれぞれの分野の教えを広めていくことになる。

彼によれば人は自己の執着によって物事の真相を間違えたまま理解し判断（虚妄分別《きょもうふんべつ》）している。深層心理を追求することによって執着を絶つことができれば、より謙虚に他者を受け入れることができるのだと。

話していると十五、六歳の十代半ばの多感な年ごろ、お互いに文や書とはほとんど無縁でMIライフルを担いで訓練場を駆け回っていた若者の頭脳は、今もなお植林によることのない瑞々しい原生林におおわれているのかも知れないと感じいった。

反対に浄化され栄養分を注入された水や土壌で育った植林は環境の変化（泥水や土質・風雨）に対する抵抗力に欠けているのではないかと現在の世相に不安を感じた。理想と現実の乖離《かいり》という現実（命題）になかなか適応できないでいるようだ。

理想と現実の乖離が個と衆（社会）の乖離へと発展し秩序の乱れへと繋がっているようである。これは正にかつての社会主義やマルクス主義にみられる階級闘争（意図的に仮想敵を創り出して刃を向ける）の前兆とも受け取れそうな気配を呈している。社会にとって実に忌まわしいことである。

古《いにしえ》において仏教や儒教が警鐘をならした末法の世とは実はこのような世情をいったのではないのか。

その原因の一つが個人における誤った唯我独尊性にあるのではないかと感じた。現在のさまよえる宗教、貧困な宗教、俗化した宗教とでもいえそうな様相もすべてが戒律（修行）を伴わないで純粋培養された生活環境にあるのではないのか。

虚妄分別して政治や社会さらに他人の所為《せい》にして自己責任から逃げるようではいけない。

巷《ちまた》では宗教に多くを求めないですむ世が住みよい世であるという。ならば宗教を必要とせず、魅力を感じない今日が実は恵まれた世だといえるのか。その妙味を十分に吟味する機会も与えられずに、つまらないものだと独り合点させられているのではないのか。私を含めて。

奈良仏教を支えた薬師寺の執事然とした友の矍鑠《かくしゃく》とした風貌と真心にうたれて覚えず我が思いも遥か悠久の神々の世界へと誘われていったのであった。

と同時にふと夏目漱石の小説『草枕』の冒頭の一節が浮かんだ。「智には働けば角が立つ、情に棹させば流される。意地を通せば窮屈だ。とかくに、人の世は住みにくい」と。この「情」はまさに日本人の持つ優しさや思いやり（大和心）であり、「意地」は日本民族の持っている固有の精神（大和魂）に他ならない。

今日幸いにも進歩的知識人や文化人を数多く抱えた我が国ではあるが、智の働きが突出することで智・情・意のバランスが崩れているように感じられる。

そこで智を精神面で支える情（大和心）と意地（大和魂）のルーツを尋ね、各々が三位一体となって「住み辛い世を住みやすくする」ことになればと書棚の隅に眠っていた書などをひも解いてみることにした。

大和心や大和魂の故郷

大和心《やまとごころ》（倭心《わごころ》）の語や精神は古代の我が国（倭国《わこく》）における和歌や日記などにおいてすでに認められている。

この語が「大和魂《やまとだましい》」として江戸時代の国学者たち（進歩的知識人たち）によって復古・強調されて、それまで中国から受け入れてきた儒教《じゅきょう》・道教《どうきょう》・仏教の教えや思想は「漢心《からごころ》」（中国文化）であるとしてこれに対抗するかたちで用いられるようになった。

また明治維新以降は主として西洋文明に対抗するようにして表明された。今日では「対米追従」としてある意図を持った進歩的知識人や文化人に利用されている。はたして大和心と大和魂は同じ意味合いのものなのか或いは違う意味をもっているのか。

この頃の世相は道徳や宗教の立場からすれば末法の世にあるともいえるであろう。国内における宗教に絡む問題や公序良俗の感覚の著しい低下、国際法でさえも軽視無視され踏みにじられているにも拘わらず適切な対応がとれない状況にある。

国の内外を問わず自由民主主義は時代の進化に対応できなくなってきて停滞爛熟し悪臭を放ちつつあるようにさえ感じられる。自由民主主義社会は個人の自律を前提として成り立っているのだと考えられるのだが。

一方権威主義や専制主義社会は個人の自由を制限することで秩序を維持している。自律できない民は轡《くつわ》を付けて飼い馴らす以外に良い方法はなく、権力者は異常に民を恐れるものである。

個人における自律心（道徳律とも）の低下した社会は権威主義や専制主義体制を選択せざるをえなくなっていく。自律心の低下現象がみられる今日の西側諸国の状況は、反面中国やロシアの体制への魅力となって民主主義の未発達なアフリカや南米などの諸国に誘いの芳香を放ちつつある。

もしも親鸞聖人が存命ならば今や「悪人猶以《なおも》て往生を遂ぐ、況んや善人をや」と説くのではないかと思うほどである。せめて善人（良識ある民）が救われる世であってほしいと願うであろう。

進歩的知識人たちがごく限られていた我が古《いにしえ》の世にあった大和心（倭心《やまとごころ》）を尋ねてその魁《さきがけ》に触れてみたいと思う。

神道と仏教の混交

六世紀半ば頃、インドに興った仏教（小乗仏教《しょうじょうぶっきょう》・上座部仏教《じょうざぶぶっきょう》）が中国において儒教や道教などの洗礼を受けた後に朝鮮半島の百済《くだら》を通じて我が日本に伝わってきた。その受入れをめぐって賛成派（リベラル派）の蘇我氏と反対派（保守派）の物部氏・中臣氏の間に争いが起る。

両者の争いは、当初にあっては考え方の根本的な違いというよりは朝廷内（政府内）における主導権（地位や利権）の争いであったようだ。これが次第に治世（統治）方式の違いによる争いに発展することになる。

明治維新後に起った神仏分離的な様相を呈し、仏像の廃棄、寺の焼却などもおこなわれている。それはいずれも天皇の権力をめぐる争いであったといえるであろう。

それまで朝廷内における政治は日本古来の「神道《しんとう》」方式にならった祭祀《さいし》（お祭）を中心としてなされていた。

神道とは古くから我が国に受け継がれてきた日本独特の宗教で教典《きょうてん》（教えを説いた書物）も、開祖《かいそ》（創始者）も不在の宗教であった。原始神道（古神道）とよばれている。

いわゆるキリスト教やイスラム教のような宗教とは異なって日常生活に密着した道徳や習慣を積み重ねた不文律（習《なら》わし）といえるほどのものであった。古くから言い伝えられてきた神話などにならって、自然や先祖の霊をおまつりするしきたりともいえよう。

長い年月をかけて一度も途切れないで繰り返されて馴染んできた習慣であったが、神道を主催する主《ぬし》（神主《かんぬし》）は代々の天皇が務めてきた。しかしその地位は権威や権力として明確に理論付けされたものではなかった。

一方仏教については外来の宗教ではあったけれども日本において多くの修行僧（当時の進歩的知識人）などによって研究吟味され、日本人の心に馴染むようになってきていた。そのためにその根本理念（教え導く理論）は天皇の地位に関することを除くと神道とそれほど対立するものではなかった。神道と仏教が混ざり合って（神仏混淆《しんぶつこんこう》して）日本教（一種の日本文明）と言ってもよさそうなほどの教えとなっていた。

米国の国際政治学者サミュエル・ハンチントンもその著書『文明の衝突と21世紀の日本』において「日本文明」として中華文明とははっきりと区別して位置づけているほどである。

大和心の生まれた土壌

日本（大和）の地は砂漠や凍土（タイガ）などに覆われた厳しい自然環境ではなく、大《おお》八州豊葦原《やしまとよあしはら》の「瑞穂《みずほ》の国」と言う言葉も生まれるほどに島々全体が瑞々《みずみず》しい稲穂の実り豊かな住みよい土地であった。

三島由紀夫はこのことを『豊饒《ほうじょう》の海』と象徴的にとらえて絶筆のタイトルとして遺している。

自然は恐れや克服を強要する相手ではなく自然と人間はお互いに持ちつ持たれつの理解し合えるあいだがらにあったといえる。

そうした理由で自然とそこに住む恵みの神々が一体化して認識され、神々と人間の間を仲立ちする作法（接点）が祭祀《さいし》（お祭・カーニバル）となった。祭祀を行う場所として神社（お宮）が建てられ、そこが聖域とされた。

自然と人間を厳しく区別しない環境下では、人々は黒白や善悪をはっきりさせることを好まず、物事を曖昧なままで受け入れ望ましくないことは水に流して忘れようとする。今日でも国内・国際関係を問わず競争や対立を極力避け、曖昧なままでも受け入れて平気でいるような傾向にある。

この傾向は必ずしも悪いと決めつけることはできないが、ある意図や考えをもって大衆をコントロールしようとする企みに対してはとても弱い状態といえる。また法（規律）に対する感性が低く、無秩序状態になり易く世の乱れを招きやすいともいえる。

つまりかつての極左的思想や不正な宗教などに対する判断力や抵抗力に欠けてとりこまれやすい。また公正な格差や区別（差別ではない）さえも否定するような誤った理想主義などをも容易に受け入れてしまいがちで自由民主主義の根幹を揺るがすことにつながる可能性もある。

完全平等が実施されたら、自由民主主義社会が崩壊することは至極当然なことである。しかし実体験（修行）をすることなく純粋培養の植林で埋まった臨在感的《りんざいかんてき》状況把握

（存在しないものを在るものとして感じる）の得意な頭脳はそれを理想とみなしがちである。今日では進歩的知識人や文化人及びジャーナリズムでさえもそれを良しとする傾向にある。

公正な格差とは米国の哲学者ジョン・ロールズ著『正義論』における格差原理すなわち「社会的不平等は弱者の厚生が確保され、全ての構成員が機会平等である場合においてのみ許される」をいう。

具体的には、最低賃金制度や生活保護法に基づく生活扶助などに適用されている。

こうした制度が機能しているにもかかわらずルサンチマン（弱者の恐喝）的な現象が今日各方面においてみられる。この社会現象はマルクス主義やかつての共産主義者同盟（ブント）などの復活を招くとても危険な社会現象である。

今日の社会における弱者とは誰を指していうのか。自分なのかそれとも漠然とした不安を指していうのか。はたまた社会的地位や生活レベルなどの比較からくる劣等感によるものか。

実は弱きものとは臨在感的状況把握によって作り上げられた仮想の現実ではないのか。かつて社会主義やマルクス主義が拠り所として設定したバベルの塔のようなものではないのか。

治世における大和心

さて一方治政（政治）における大和心は、遠く聖徳太子の「十七条の憲法」における六種の儒教徳目（徳・人・礼・信・義・智）の理念として「和を以て貴しとなす」として提示されている。

中国の礼記《らいき》の『儒行篇《じゅこうへん》』や論語の『学而篇《がくじへん》』にも同じような言葉が書かれている。

このことから、太子の説く「和」は戒律の厳しいインド仏教（上座部仏教《じょうざぶぶっきょう》・小乗仏教《しょうじょうぶっきょう》）の教えそのものではなく、中国において儒教や道教の洗礼を十分に受けた後の仏教の理念であっただろうと解釈できる。

実は「和をもって貴し」と特にあらためて宣言しなくても自然や祖霊を尊んできた原始神道《しんとう》(古神道)そのものが「和」を本分としていたのである。

『扶桑略記《ふそうりゃくき》』(平安時代の私選歴史書)によれば渡来人がすでに渡来していて仏像や仏典も既に我が国にもたらされていて「大唐の神」として礼拝されていたようである。

「和」などと外来語を有難がる進歩的知識人たちが既にこの頃にも存在していたことがわかる。

陳舜臣《ちんしゅんしん》はその著書『日本人と中国人』において「日本は長いあいだ、大陸中国という大樹の蔭にいた。その大樹の葉がすっかり払いおとされたあとも、西欧という新しい大樹が、すぐに緑濃い枝を日本の上にさしのべたのである」と書いている。

また中国人歴史家の主張を引用して、

「日本のなかから、中国から来たものを差し引けば、何が残るというのかね? 日本的なものを求める人はまがりくねったこじつけをするほかない。

亡くなった津田左右吉《そうきち》博士は、法隆寺の建築、三月堂の仏像によって昔の日本人の情調をしのぶことは出来ない。それに対して我々の目につくものはただ冷《ひやや》かな技巧である。でなければ考古学の材料である。

だから少なくとも奈良朝までの芸術は六朝《りくちょう》から唐代にかけて行なわれた支那芸術の標本でありその構造であって、我々の民族の芸術ではない。……(『我国民思想の研究』)といっとるが、さすがに碩学《せきがく》だね。あれをマイナスすれば、当時の日本にはなにも残らないことになる。なにもないところから、いったいなにが生まれるのか?

日本という国は、要するにうまく中国のイミテーションをやって、うまいチャンスをとらえて、モデルをヨーロッパにチェンジしただけのことではないか。それとチャンバラがむやみに強かった。日本にほかになにか取柄があるかね?」と紹介している。

なお前記『我国民思想の研究』は『文学に現れたる我が国民思想の研究』のことであろうと思われる。

さらに陳氏本人は日本の文明は中国文明の水割りであるとも述べている。なお氏は神戸出身で大阪外国語学校印度語科卒で同校の一年後輩に司馬遼太郎がいた。

一事が万事、「漢心《からごころ》」に対抗して大和心を持ちださざるを得なかった我が輩出の進歩的知識人たちの心情も理解できようというものである。

私個人のささやかな反論ではあるが、日本産のウイスキーやお神酒《みき》を発展させた日本酒は今日、国際的な人気をえてきている。しかし、中国製の酒類はSNS上においてもそれ程歓迎されているようにはみえない。

食べ物や飲み物の味（文化）は理屈や技術ではない。杜氏《とうじ》や料理人（匠《たくみ》）が時をかけ精魂こめて丹精に創りだした芸術ともいえるものであり、まさに以心伝心や不立文字《ふりゅうもんじ》によって受け継がれてきた匠《たくみ》の技といえるものである。

いずれにしても「和」の語感からは「おだやか・のどか・合《あわ》せる・なかよくする」などの風《ふう》（ニュアンス）を感じとることができる。

しかしその和も当時にあっては主として殿上人（お偉いさん方）のたずさわる政治や貴族のハイカラ性に関わるかけ声であって必ずしも衆生（下々）にまでいきわたる有難いものではなかったのではないかと思われる。

何故なら聖徳太子自身も仏教徒でありながら肉食、妻帯し四人の妻をもっていたとされているからである。

平安時代の末期から鎌倉時代初期にかけては、武士であり僧侶であって歌人でもあった西行《さいぎょう》法師の『西行上人集』につぎのような歌が載っている。「なにごとのおはしますをば知らねどもかたじけなさに涙こぼるる」

この歌は自然界の神羅万象《しんらばんしょう》や花鳥風月《かちょうふうげつ》にも神様が宿っていると感じるような「臨在感的現状把握《りんざいかんてきげんじょうはあく》」（実際にはないものを在るものとして感じる）の心象と和の象徴である女性的感性に彩られている。

また自然現象に霊魂《れいこん》や精霊《せいれい》など霊的存在（霊感）を感じつつなおその有難さに涙ぐむほどに至っていることから、原始アニミズム的な感覚を超えて、後にスピノザやゲーテが信じ唱《とな》えた汎神論《はんしんろん》（欧州的なアニミズム）にも通じるほどの鋭い感性にまで至っているようにも感じとれる。

仏教の大衆化と禅・日蓮宗の台頭

日本における仏教は当初朝廷による治世の方策として上流階層を中心に流行し活用されたと言えるであろう。また一般的に僧侶に厳密な戒律を求めず、進歩的知識人と一般人の差別をも認めるとともに権力と結びついてきた。

この仏教方式が長期にわたって引き継がれてきたために、今日の日本人の深層心理に少なからぬ影響を及ぼしているとみられる。すなわち善悪や黒白の区別を曖昧にし東大や京大偏重の傾向にあり、権力に対して弱い。

こうした貴族中心の仏教も自然災害や飢饉の頻発、租庸調の過酷な取立てなどによって起こる社会不安や庶民の生活苦などによって次第に下層階級にも流布するようになっていく。

鎌倉時代に入り武士の世となると、念仏を唱えることで誰でも浄土に行けるという人民救済を本分とする浄土宗や浄土真宗（法然や親鸞が唱えた）に対して、精神修行や国家安寧を宗旨とする禅宗や日蓮宗が台頭するようになる。

禅宗はもともとインド仏教の始祖達磨大師《だるまだいし》が中国で広めた教えである。この教えの流れをくんだ臨済宗《りんざいしゅう》や曹洞宗《そうとうしゅう》が栄西《ようさい》・道元《どうげん》を介して日本に広まった。特に鎌倉において盛んであったこと（鎌倉五山）が武士階級に適合した教えであったことを示している。

禅宗はそれまでの浄土宗や浄土真宗の説くどちらかと言えば他力本願（一身に念仏をとなえたら成仏できる）の教えに対して自力（修行を要する）本願ともいえる教えである。「只管打坐《しかんたざ》」を本分としていて、悟りを求めてただひたすらに座禅（修行）せよという厳しい教えである。しかしただひたすらに座っておればそれでよいのか。集中力の方法や修行の効果などについての確認や評価はどうなっているのか。

しかも悟りや教えは言葉では伝えることができず「不立文字《ふりゅうもんじ》」すなわち言葉や文字によってではなく以心伝心《いしんでんしん》として心から心へ伝えることとなっている。まさに腹芸同様に日本的な説法ともいえる。

おもんばかるや忖度《そんたく》することを良しとする日本人的考え方の由来とみられる。ある目的（武士の場合は死生観を確立する）追求のために一心に座禅し、自問自答する（修行）過程において精神的よりどころを得ようとしたのであろうか。

さらに日蓮《にちれん》によって天台宗（開祖最澄）から分派した日蓮宗がうち立てられる。日蓮は従来の宗教を消極的な受け身の教えであるとして非難攻撃する。また当時おこった元寇《げんこう》（蒙古襲来《もうこしゅうらい》）の影響もあって日蓮において初めてともいえる国家防衛の観念が宗教に取り入れられることになった。

鎌倉時代から安土桃山時代にかけての戦国時代は、宗教は武士と庶民の間において二分された形になっていく。武士にとっては勇猛心を鍛える「大和魂」として、庶民にあっては救済を本分とする「大和心」としての役割を求められるようになっている。

このように日本における宗教は時世に応じて、また武士や庶民の求めに応じて変化している。同じ仏教から禅（大和魂）が生まれ、天台宗からは大和心を尊ぶ浄土宗や浄土真宗、また密教として即身成仏を唱える真言宗、さらには「行動・気力」（大和魂）を旨《むね》とする日蓮宗が生まれる。

浄土宗・浄土真宗や真言宗は教祖が一般大衆に代わって修行（戒律）を担い、禅や日蓮宗は修行（戒律）を直接信者に求める動的宗教と解釈できようか。

キリスト教やイスラム教における戒律（してはいけない事とするべき事）は十戒やコーランにおいて厳しく決められている。従って善と悪の判断が明確になっている。しかし日本の場合はそれぞれ教祖が信者に代わって厳しい修行を経験して戒律をクリアーしたとの前提に立っている。

そのために信者個々人の善（戒律を守る）に対する規定があいまいで、善とは何かということが不明確である。従って善人も悪人も区別できないという現象がおこる。その環境下において「善人なおもて往生すいわんや悪人をや」という教えに対する誤解が生まれる。

善（絶対善を含む）とは戒（戒律）がしっかりと守られていることを前提としてはじめて成り立っていることを認識しなければならない。

また浄土教の一派として一遍《いっぺん》を宗祖とする時宗が生まれている。遊行宗《ゆぎょうしゅう》として学歴も地位も、家柄も名前すらないアウトサイダーを対象とした宗教ともいえる。当時大衆が置かれていた厳しい環境下ではこの宗教が最も一般化しそうだと思えるがそうでもなかったようである。

弱い者はより弱い者に向かう心理から自分の立場を少しでも高めに置こうとするプライドを保つために中間層は時宗を敬遠した可能性がある。

お上には絶対に反抗できない当時の社会情勢下においては、今日のようなルサンチマン的行為は不可能だったので中間層はより弱い者を対象として必要としたのであろう。

日本の歴史を通じて禅や日蓮の思想は白黒をはっきりさせたり、あまりに強く個性や思想を発揮することを嫌う日本人的性格を反映してメジャーとなるには至らなかった。今日の日本共産党の置かれた環境と似ている。やはり大和魂よりも大和心の方が日本国民の性に合っているのであろうか。

リベラル派とは

日本共産党が我が国においてメジャーとなるにはリベラル化（共産党からみたら自民党化）する以外に方法はないといえる。何故なら国民の大半が善悪の区別や極端な理想主義とか戒律といったあれかこれかをはっきりさせることを嫌うからである。

しかしリベラル化すれば共産党の看板である党色・党是を失い自民党に吸収されて党そのものが自然消滅することになる。

矛盾を矛盾のまま受入れて絶対化しない。またある状況に対しては周りが平等に自分と同じように考えていると漠然と思い込み、実は自分もその片棒を担いでいるという自覚に欠ける呑気で無責任な性格。

戦中戦後の転向《てんこう》にみられる自家撞着《じかどうちゃく》（自己矛盾）をしごく当然なこととして受け入れ

なんら疑問も反省も感じてこなかった進歩的知識人や文化人たち。
自民党を隠れ蓑としてリベラルを装う公明党のやり方が非メジャーリーグの賢い方策といえる。

しかし安土桃山時代後期の女性細川ガラシャ（明智玉）や昭和の山口二矢《やまぐちおとや》や三島由紀夫及び西部邁《にしべすすむ》のような希有な人たちが示した責任のとり方や生き方もあった。すなわち命をかけて己の心情や美意識を貫き、転向（二心《ふたごころ》）を潔しとしないで身を以て報いる態度（自裁・自らを裁く）である。

良し悪しは別にしてこうした態度は戒律において「悪」の対面にある「善」に対する人としてあるべき態度の根本を示すものである。今日の日本人にはなかなかできそうなことではない。戒律に裏打ちされた自律に基づく自己責任の崇高さ、これが正に善に通じる道であるといえよう。

他力本願や甘やかされて育った身には戒（戒律）の観念も希薄であるのは当然であろう。

十七歳の山口二矢は当時日本社会党委員長であった浅沼稲次郎《あさぬまいねじろう》を自らの愛国思想に反するとして刺殺した。浅沼に個人的な恨みはないが日本国の共産化阻止と彼の訪中時における「米帝国主義は日中共同の敵」との発言に対する強い反発心（危機感）などから事件に及んだとされている。

事件直後に自決を試みているが警備の巡査によって咄嗟に阻止されてその場で死ぬことはできなかった。しかし獄中に首を吊って自裁している。

彼の行動を単なる一匹狼としてみるか、それとも国家を憂う一兵卒（士《サムライ》）として評価すべきか。今日の中国に照らして判断されてもよい。

大江健三郎はこの事件をモデルに『セブンティーン』を著している。その内容は一個の人間が命をかけて自らの思いを訴えた行為を単なる自慰行為（マスターベーション）として切り捨てている。

作中の「おれ」は正に大江自身であろう。自分とは正反対の人種（大和魂をもった者）に対して抱く激しい嫌悪感が作中にあふれている。姿を見せないでネットやＳＮＳ上にチャットをする人々やジャーナリズムに寄稿する進歩的知識人や文化人たちの典型といえるであろう。ぜひ読んでみられることをお勧めします。

因みに彼は「防衛大学校はぼくらの世代の恥辱だと思っている」など発言している。また戦後民主主義には似合わないといって文化勲章の受賞を拒否している。

知識人だけが平衡を保った社会を形成するとは限らない。社会は左右両翼や上下関係のバランスによって構成されている。自分で自分を罰したり自分を監視できる視点をもてる人が進歩的知識人であって欲しいものである。

西部氏については、一九五五年七月、日本共産党が武装闘争路線を放棄したことで傘下の全学連は新たに共産主義者同盟（ブント）を結成して後の安保闘争を主導した。西部氏はこのブントのメンバーとして闘争に参加し、後に保守の論客へと転向した人である。連合赤軍による集団リンチ殺人事件をみて左翼思想に対する道徳的反省をしたと述べている。

東大安田講堂に象徴される日本の大学をゆるがした新左翼による反抗運動は、東大生が東大生であることを自己否定し、学問とは何かなどといったことを原点に返って考え直そうといったスローガンを掲げていた。その一種哲学めいた問いかけに安易に乗って共に行動した教授たちもいた。

これはまさに青年将校たちに先導されて起こされた五・一五事件や二・二六事件の「文」の側におけるテロであったといえる。

多少言い過ぎではあるが、終わってみたら集団ヒステリー現象に皆が乗っかってただ興奮していただけで何の問題提起もなく実りもなかった。大山鳴動して鼠一匹。得るものはほとんどなかった。一種のお祭といってもよいものであった。

その証拠に誰も責任をとっていない。何故なら例によって主催者（首謀者）が不在なうえに目的が明確でなく皆が周りの空気に動かされて付和雷同して騒いでいただけだったからである。


こうした行為は人種差別反対や人権侵害反対（善の勧め）運動とは明らかに次元が異なるものである。こうした行為を表向き批判しつつもかげで秘かに賛同や哀れみの情を示す考えや態度がある。善と悪の観念が明確でないためにおこる心象である。

すなわちテロ行為や犯罪者に対する影の応援者ともいえる人々である。

その感情の根源はかつて公家や貴族、守護や地頭などによって人権抑圧や身分各差、あるいは重税を課せられ続けてきた衆生（庶民）に内在すると思われるＤＮＡの現れとも受け取れる。また単に国家や権力に対しては常に反対する判官びいきやルサンチマン的行動ともいえるものでもある。

自分の置かれている立場を意図的に不遇と見なしその責任を他者（政府や組織・個人）に転嫁して善（戒律）を犯した方に同調する感情や行為である。

他者の行為を誤った臨在感的状況把握によって同調し、周りの皆も自分と同じ考えだろうと一人合点して、しかも自分がその悪の片棒を担いでいるという認識（自覚）が全くない最も卑怯な行為といえる。

かつて時宗を信じた道々の者や河原者・卑賤視《ひせんし》された人びとのように開き直って少なくとも自身を俗世から自由の身（自律・超然として開き直った態度）に置くことのできない人々の陥りやすい感情や行為ともいえる。

この感性は日本人に内在しやすい自虐感《じぎゃくかん》と結び付きやすく個人の中にとどまっている

間はさほど問題とはならないが、ＳＮＳ・チャットＧＰＴやジャーナリズムに載って顕在化すると国家や社会のみならず他人の心象にも大きな影響を与えて極めて有害となる。何故なら国民は臨在感的状況把握に取り込まれやすいからである。

戒律（確固とした善の基準）を持たない人々は煽動や洗脳に誘導されやすいからである。

事実こうした日本人特有の性格を内在させた考え方や行為は今日《こんにち》、国内問題だけでなく対外関係にも大きな影響を与えてきている。

今日、自由民主主義社会は価値観の変化が激しい社会になってきている。昨日までは真理であったものが今日では誤りとなり、男性か女性かが識別困難になったり、醜が美になったりと評価や識別の基準（根本理念）が定まらない。

基本的人権と個人の自由の在り方、、多様性、弱者の恐喝、魔女狩り、ＬＧＢＴ問題などもその一例である。特に根本理念を有する宗教をもっていて善悪の判断が明確であろうはずの米国においてもその傾向がうかがえる。

日本人的発想による宗教とは本来宗教それ自身（考え方・ドグマ）のためにあるのではなく衆生（一般大衆・人類など）を救済するためにあり、自ずと向うからすり寄ってくるものだとの考え方が一般的であろう。

宗教に対する西洋的な考え方は「求めよさらば与えられん」の語が示すようにこちらから求めることによって関わりが生じる関係にあるべきとしている。宗教と人の関係は少なくとも神を必要とし、その声を聞こうとする気持ち（意志・信仰）がなければ成立しえないとしている。

日本的なオファー型（タナボタ型）であっては本人（信者）のみならず宗教（神）そのものをも堕落させる可能性をも考えてのことであろう。今日の日本における宗教一般及び道徳の不在に絡む問題はそのことを証明している。

「善人なお以て往生を遂ぐいわんや悪人をや」（親鸞聖人）について様々な解釈はあるであろう。個人のうちにおける解釈は様々にあってかまわない。だがグローバル化した今日の国際社会においては原理に基づいて善と悪（不善）は明確に区別されるべきものとして認識されていると考えなければならない。

何故なら絶対善（根本理念：啓示）を頂く大半の一神教社会や国家によって現世は運営されているからである。そこでは白（善）と黒（不善）は厳に区別されていることを日本人は英語やフランス語を学ぶことに優先して認識する必要があろう。

国際法や国際規約の理解に関しては国際的視点に立って認識し、国内基準とは明確に使い分けて対応することが求められている。

他方中国は欧米のような一神教をもつ国家ではないけれども絶対善としての共産党を頂いているので黒白の区別はどこの国よりも明確である。中国における歴代帝王や今日の中国共産党はキリストやムハンマドに勝る権力と権威をもっていると見做さなければならない。何故なら彼ら（党と党首）は現実に君臨しているからである。

キリスト教やイスラム教は少なくとも根本理念（犯してはならない戒律）をもっている。中国や北朝鮮それに現在のロシア正教にはそれがない。国際問題を考える上でこの違いをしっかりと認識しなければならない。

現在の中国（中共）においては時の権力によって黒白の基準が容易に入れ替わり、その根本理念でさえ容易にかえられる。今日の中国との経済的結びつきや政財界の訪中はかつての朝貢貿易に他ならない。

しかしかつての中華王朝は儒教精神（徳）に裏打ちされた立派な国家であった。当時日本は政・経を厳しく分離して冊封（属国）でない朝貢貿易をおこなっていた。それが可能であったのは日本に戦国時代という強力な後ろ盾があったからに他ならない。

戦国時代の武士は非メジャー階層ではあったが士《サムライ》精神（大和魂）をもって国内外に対して日本の精神的心柱となっていた。

「人の命は地球よりも重い」といってテロ組織の言い分を認めて根本理念を曲げた超法規的措置が果たして国際的にコンセンサスが得られたどうか。国を預かる者がそのような態度（覚悟）で果たして小心翼翼《よくよく》として素直で従順な国民の生命と財産を相手国の暴挙から守れるのだろうか。

また法を犯したりテロ行為をした国家や犯人に対する国際法の施行や刑罰に対しては、たして日本人特有の「惻隠《そくいん》の情《じょう》」（なさけ）などの入り込む余地があるのか。

侵略や侵攻の意図があったかなかったか、或いは個人に殺意があったかなかったかはそれを企図した本人にしかわからないことであろう。従って行われた行為は戒（戒律・絶対善）に基づいて裁く以外に妥当な方法（基準）は他に存在しないといえる。

個々人の関係においては赦《ゆる》されることが国際関係（社会）では許されないことは当然である。国家や社会の安寧や人類の生存（ＳＤＧｓ）の立場からは断じて許されない罪（犯罪）がある。それが善（戒律）に基づく裁定である。

浄土宗・浄土真宗・真言宗と禅・日蓮宗の本質的な違いと、加えて日本古来の神道の本来の姿（大和魂と大和心の関係）を尋ねることによって問題解決の糸口が見つかるかも知れない。

そうすることでかつては単純明快であった渡来人か帰化人か、不法移民か難民か、男性か女性か、英雄か凶人か、普通か異常かといった諸問題解決への糸口がみつかるかも知れない。

儒学・朱子学から国学へ

儒学は中国春秋時代（紀元前七七一〜前五世紀頃）の思想家「孔子」が広めた教えとされ、孔子とその門弟との問答や言行録である「論語」を基に古来の思想を大成し徳をもって国を治めることを根幹にした教えといってよいだろう。

日本における儒教や仏教の教えとそれ程ちがうものではないと思われる。日本にも各地に孔子を祀った孔子廟が設置されている。東京の湯島聖堂、長崎市の長崎孔子廟、栃木県足利市の足利学校、岡山県備前市の閑谷《しずたに》学校の聖廟、佐賀県多久市の多久聖廟、沖縄県那覇市の至聖廟がある。

このように日本と中国の思想体系は深層においてつながっているのである。ただし現在の中国は共産党と周近平思想に支配され従来の孔子の教えに倣うものではない。

日中戦争から太平洋戦争へと突き進んだ当時の日本と同じように行き着くところまで

いかなければ止まらないような情勢にあると見るのが妥当であろう。

軍事・経済発展至上主義の新興大国が成長の停滞に伴って陥りやすい他国への攻撃性（ピーク・パワーの罠）の様相と呈してきているからである。


世界各国に設置された孔子廟が諜報機関として再利用されることなく平和の広報機関となることが望まれる。願わくは中国においても儒教や仏教の復古運動が興って数千年の歴史に培われた寛容さと徳治政治を取り戻してもらいたいものだ。


さて朱子学は南宋の朱熹がそれまでばらばらに存在していた儒教の経典を体系的にまとめて独自の解釈や概念を加えた教えである。

基本的な考え方として「理気二元論《りきにげんろん》」、すなわち理は存在の根拠、気は万物を構成する物質とし、お互い相互に作用し合うとする。これを人に応用すると「性即理《せいそくり》」となる。

性がそく理となって性が動くと情（気）となり、情のバランスが崩れて欲（悪）となる。

従って人は常に情（気）をコントロールして性（理性）に戻す必要があるとする。

我が国民性に応用すれば情（気）は臨在感的状況把握の根源をなすものであり、これを是正するには理性（セルフコントロール・自制心）を鍛える必要があるということか。

また全ての物事には上下関係があるとし、「君臣父子《くんしんふし》の別」を重視した。朱子学は官僚登用試験に採用され、そのために経済力と成績によって人生が決まる今日の学歴社会及び官僚社会を生むことにもなっている。

江戸時代初期になると宗教家に代わって同時代の進歩的知識人や文化人として藤原惺窩《ふじわらせいか》・林羅山《はやしらざん》や中江藤樹《なかえとうじゅ》及び山鹿素行《やまがそこう》・伊藤仁斎《いとうじんさい》などの朱子学者や陽明学者および古学者が現れる。

彼らは禅と儒学の一体化や言行一致思想である陽明学を信奉し抽象観念を批判して士道の重視を唱えた。

儒学思想や朱子学から陽明学へとこの時代は思想界が大きく動いている。そこで幕府は朱子学以外を禁ずる寛政異学の禁を発布して秩序の維持をはかった。

中期に入ると山本常朝《やまもとつねとも》・荻生徂徠《おぎゅうそらい》・賀茂真淵《かものまぶち》・富永仲基《とみながなかもと》・本居宣長《もとおりのりなが》・平田篤胤《ひらたあつたね》などの国学者兼思想家が現れる。特に荻生徂徠は物部氏の子孫でもあり神道復興への意志があったものと思われる。彼らは日本古来の伝統文化（大和魂）を支持称賛するようになる。賀茂真淵は『万葉考』を完成させ「神ながらの道」（神代から伝わる純粋に日本的なものを尊重する考え）を説いた。

冨永仲本はその著書『出定後語《しゅつじょうごご》』において儒教や大乗仏教を批判し、特に大乗仏教は後世に作られたものであると断じている。

本居宣長は『古事記伝』や『源氏物語玉の小櫛』などを著し「日本とは」「日本人とは」を追求した。

平田篤胤は本居宣長の思想に触発されて国学を目指したが後に独自の思想を打ち立てることになる。

「人は生きては天皇が主宰する顕界《けんかい》（現実世界）の民となり、死しては大国主神《おおくにぬしのかみ》が主宰する幽宴《ゆうえん》（極楽）の神となって主催者に仕えるので死後は恐怖するものではない」として死後の霊の安定を神道に求め、儒教や仏教的な色彩を排除して新たな復古神道（皇学）を打ち立てた。

また彼の『出定笑語《しゅつじょうしょうご》』が王政復古や廃仏毀釈の思想原理となったとされている。

儒教思想から朱子学及び陽明学へと変遷したことによって精神性も大和心から大和魂へと変化することになっていく。

佐賀鍋島藩の山本常朝の口述を筆記した『武士道』における「武士道とは死ぬことと見付けたり」や「あれかこれかと迷ったら迷わず死を選ぶべし」などは死を根本理念として生に至るという武士の生き方を示している。

また山城国伏見の大道寺友山《だいどうじゆうざん》の『武道初心集』にみえる「恥を知る者が義を守る。年功序列に甘えるな。能力主義の賞賛」などは現代のサラリーマン人生にも通じる人生訓でもある。

こうした武士道における死に対する考え方は単に死を称賛するものではない。人は家柄、地位、財産はそれぞれ異なって与えられているけれども命だけは平等に持っているという根本的な原理に基づいた処世訓である。

対象（主人・会社）に滅私奉公せざるをえない状況に置かれている自身であると同時に、自分に与えられている天与の命を自分の意志で滅する（解放する）という超然とした行為を担保することによって自我を俗世の束縛から解放すると言う考え方である。正にP・B・シェリーの劇作『プロメテウスアンバウンド』の苦行からの解放と類似する精神作用の現れでもある。

図にはずれて死んでも気違いと言われるだけで恥にはならない。不断の覚悟を強調し、常に死を覚悟して行動の自由を確保しておきなさいという教えである。

三島由紀夫に『葉隠入門』、隆慶一郎に『死ぬことと見つけたり』などがある。参考にして頂きたい。

またこの時代の特徴として日本の古代を理想的な音声言語《おんせいげんご》文化とみなして当代の儒学や大乗仏教を漢心《からごころ》（漢字・中国文化）であるとして批判していることがあげられる。音声言語とは文字や仏典ではなく口伝（語り部などによる口承言語）による話し・歌う言葉をいう。

ルーツ（音声言語）を求めて

古来多くの部族や国は当時の支配権力や支配国家の文字を使ってお互いに意志を通じあう他に方法はなかった。

ローマ帝国時代の書き言葉はラテン語であったし、また中華帝国時代の書き言葉は漢語（中国語）であった。今日では英語が国際的な公用語となってきているが。それにしても我が国が中華文明下にあった時代、『古事記』『万葉集』はすでに日本語（やまと言葉）で書かれていたということは驚くべきことである。

ちなみに漢語（中国語）を日本よりも早く取り入れ、いち早く文明化に着手した韓国においてハングル文字が考案されたのは一四四三年（室町時代中期）のことである。

中華圏において中華王朝と朝貢関係にあった諸国（被支配国家）は日本を除いて自国の文字をもたなかった。

例外として中華王朝から野蛮国（夷狄《いてき》＝独立国家）とみなされて敵対していたモンゴル・西夏・女真・チベットなどは独自の文字をもっていたのである。そのために今日、中華人民共和国によって同化政策を強要されているのである。

言語はその民族にとって生活、考え方、感性などの根幹をなすものである。どんなに高尚な思想や理論、また宗教も、唱えた本人や教祖と同じように理解することはとても難しいだろう。弟子入りしたりして一緒に生活し、共通の言語を使って繰り返し繰り返し習うことによってようやく及第点がもらえるほどであろうか。今日の大学におけるゼミ制度もその名残といってもよいであろう。

いろいろな修行、例えば宗教・芸道・様々な職種・スポーツ等における守《しゅ》・破《は》・離《り》の原則がそのことを教えている。

「守」とは繰り返し繰り返しの鍛錬・修行によって、まず基本をしっかりと身に付ける（マスターする）ようにすること。

「破」とは基本が完全にマスター出来たところで、それが自分の体格や能力にあった形でしかも意識しないで自然にできるようになるまでに達する。自分のものとする。

「離」とはそれまでに身に付けた基本の型や教えに囚《とら》われないで一度そこから離れて自由になって自分流のやり方（流儀）を世に広めるようにすること。

遣隋使や遣唐使となって危険を冒してまでも中国に渡って、現地で弟子入りして基礎知識を習得し、再び危険を冒して帰朝する。日本に帰ってから納得のいくまで復習し研鑽をかさねる。

そして本当に自分の考えとして納得したら皆（一般大衆）に広く布教（教える）する。この過程が厳しい戒律を伴う修行の基本形（守・破・離）の極意であろうと考える。

遣隋使や遣唐使たちが持ち帰ってきて「離」の段階までに達していた文化文明は主として道徳や衆生の救いといった静的（内向的）な理念であった。そのために江戸期の国学者や進歩的文化人たちは喧騒な国際情勢などを考慮して独立国家としての自覚と国民の団結心を鼓舞する必要性を感じたものと思える。

そのために音声言語としての「やまと言葉」（自国の言葉）で書かれた『古事記』『万葉集』などを根拠として日本文化のルーツ（根源）を尋ねようとしたのではないのか。それは日本人に誇りと自覚（アイデンティティ）や愛国心をもってもらおうとする意図からではなかったか。

では文字がなかった音声言語時代はどうであったろうか。

文字がなかった時代は「歌垣《うたがき》」（男女が集まって歌や踊りを通じて交歓する）などによって意志を通じ合い、手振り、身振り、発声、体の触れ合いなどによって相互に意志や想いを伝えあっていたと考えられている。すなわち音声言語《おんせいげんご》を基本としていた。

奄美大島や沖縄では近世までも歌垣形式の集いが残されていて筆者も幼い頃その名残の一端に触れている。

歌垣の場で交わされる音声言語は当然文字で表すことはできない。例えば奄美に「ハゲェー」や「ハレー」という感動詞とも単なる叫びともとれる発声がある。

この語は通常五W一Hの語頭に発声される。発声されると、これから話者が語るであろう話の内容や心情（喜怒哀楽《きどあいらく》）を一瞬にして相手に啓示《けいじ》（知らせる）する効果をもっている。

また話者の表情や発声のトーンによっても様々に色付けされて話す内容についてより深い理解が得られる。思い余って言葉足らず（語彙の少なさ）を補うための補助として枕詞や季語の働きをもなす発声でもある。

浜辺や聖地（ミャー）で催される狂騒的なお祭りの集い、男女による文字化できない唄（発声）の掛け合いと肌の触れ合い。実は虐げられ続けてきた島人（村人）の魂や情欲の叫びと発散のすがたである。

その声音《こわね》、発声の強弱、話者の表情によってもその意味は微妙に変化する。とても初対面の人には理解し難いであろう。長期にわたって一緒に住み共に体験しなければなかなか理解困難な音声言語である。

この語と共に場を盛り上げる太鼓（ツヅミ）や三線（サンシン）なくして奄美方言（音

声言語）は成り立たず、ましてや奄美人の人となりを十分に理解することはできないであろう。

一人都の夕暮れに聞く場末の鎮守祭から洩れてくるツヅミの音《ね》は微かにしてしかも一瞬のうちに私を奄美のあの享楽的で甘美な世界へと誘うのである。

その感覚は空海がもたらした真言密教の中の『理趣経《りしゅきょう》』にみられる性の解放と人間肯定の賛歌ともいえるものである。危険ではあるがどうしても探ってみたい境地への誘いでもある。

性を否定的な面でのみとらえ、裏世界に追いやったことでむしろその反動による乱れや人間性の否定を招き、世が生きにくくなっているような現状にある。

性欲と人間の関わり方、空海と最澄の関係悪化はこの関わりへの解釈書『理趣釈経《りしゅしゃくきょう》』をめぐってのことだったようである。

空海は空海に成れない人々（凡人）には危険な思想であるとして自分の中に秘めたのであろう。だが教え（教養）は凡人にこそ必要なものともいえる。

この『理趣経』が正当に解釈され、世に説くことができるならば少子化対策にも大いに貢献することは必定であろうに。

それ故に「ハゲェー」や「ハレー」そしてツヅミやサンシンの音は奄美人（シマッチュ）とは切っても切れない関係にある。

この感覚を求めて江戸時代の国文学者たちも音声言語へと惹かれていったのではないかと独り合点している。

大正時代になると柳田国男がその『沖縄文化論集』の中で「私はますます日本、それもその風土と運命が純粋に生き続けている辺境に強く惹かれる。そこには貧しいながら驚くほどふてぶてしい生活力がある。その厚みは無邪気で明朗だ。近代化されるとともに奇妙に歪み、希薄になった日本人像とは違う」と書いている。

また岡本太郎はその『沖縄文化論』のなかで沖縄の久高島の御嶽《うたき》（神を祀る聖所）に接し、「日本人の血の中、伝統の中に、このなんにもない浄《きよ》らかさに対する共感が生きているのだ」と言っている。

これはまさに大正ロマン主義やその流れを汲む進歩的文化人たちが日本における「ノアの方舟」的な神話の世界を追い求めた心情を代弁するものである。その心情は江戸中期の進歩的文化人であった国文学者たちと共通するものがあるのではないだろうか。

柳田を師とする折口信夫はこれをさらに発展させて独自の境地を打ち立てている。「折口信夫全集・ノート編」（折口博士記念古代研究編・中央公論社刊）講義録において民俗学を「心意伝承」「周期伝承」「造形伝承」の三分野に区分している。

その「心意伝承」によれば人間の情（情欲）から発するものとして姦通、敵討ち、盗み、嫉妬などをあげ、これを理（理性）の制御を受けないものとしている。

これに対し道徳、礼儀、義理などは理によってコントロールされたものであるとして、古典としての民族の生活様式は宗教でも道徳でもなくただ生きるための生活そのもの（本能・本性）であると冷徹にみている。

これはまさに空海の密教の教えである『理趣経』における性（欲・本能）の世界そのものである。秘伝として空海が自らの内に留め置いた世界である。

いずれも古き良き時代へのノスタルジアから出発しているようだけれどもそれぞれその時代を反映して一方は行動につながる大和魂の方に傾き、一方はロマン性の強い大和心の方に向かい他方は冷徹な現実世界へと回帰している。

借り物の言語（外国語や学術語）では微妙な気持ちや恋心はなかなか伝わらないであろう。もちろん高尚な思想や流行に関する外来語についても同様のことがいえる。

渡来人や帰化人たちが「やまと言葉」や日本人固有の様々な情操やしきたりを理解するのにかなりの期間と努力を要したことであろうし、また日本人になろうとしてなりきれなかった人々も数多くいたであろう。

在日本朝鮮人総連合会（朝鮮総連）や在日本大韓民国民団（民団）などにからむ問題や事件などもそうであった。大前正臣訳J・スタインベック著『アメリカとアメリカ人』からもそのことがうかがえる。

移民や難民受入れ問題について深く考えさせられる。

日記・歌集などにみる大和心

（平安時代前期）
小野小町：あはれなりわが身の果てや浅緑ついには野辺の霞と思へば（形あるものは何時かは崩れ消えていく：無常観）。

（平安中期）
紀貫之　：人はいさ心も知らずふるさとは花ぞ昔の香ににほひける（人の心は変わりやすい。しかし昔なじみの土地に咲く梅の花だけは変わらないで匂っている）。
（注：歳時記で花といえば桜であるがこの時代は梅だったようだ）。
清少納言：春はあけぼの　夏は夜　秋は夕暮れ　冬はつとめて（春は明け方がよく夏は夜がいい　秋は夕暮れがよく冬は早朝がいい：現実的な女性らしく世情などは一切か

まわずに春夏秋冬の四季の移り変わりだけに目を向けている）。

（平安後期〜鎌倉初期）

西行‥　身を捨つる人はまことに捨つるかは捨てぬ人こそ捨つるなりけれ（出家して俗世を捨てた人は人生を捨てているのか、いやそうではない自分を捨てられない人こそその人生をすてているのである）。

ねがわくは花の下にて春死なむそのきさらぎの望月のころ（死ぬときは花満開の春で陰暦二月の満月のころでありたい）。

（鎌倉時代後期）

鴨長明‥　ゆく河の流れは絶えずしてしかももとの水にあらず、よどみに浮かぶうたかたはかつ消えかつ結びて久しくとどまりたるためしなし、世の中にある人とすみかと又かくのごとし（大火・飢饉・大地震に見舞われた時代を背景として栄枯盛衰《えいこせいすい》の人の世のはかなさを歌っている）

（鎌倉末期）

吉田兼好：つれづれなるままに日暮らし、すずりにむかひて心にうつりゆくよしなしごとを、そこはかとなく書きつくればあやしうこそものぐるほしけれ。（幕府の衰退、朝廷内の争い、戦乱の時代を背景とした無常観、この世は幻であって実体がないのではないか。しかしそのなかにあって一縷《いちる》の望みを捨てまいとする覚めた感覚を持つ個人における葛藤《かっとう》が「あやしゅうこそものぐるわしけれ」に現れている）。

辞世の句・歌にみる大和心と大和魂

（平安時代）

在原業平《ありわらのなりひら》：ついに行く道とはかねて聞きしかど昨日今日とは思はざりしを（死は誰も

が経験するものだと聞き知っていたがそれが昨日今日とは思わなかった)。

（安土桃山時代）

豊臣秀吉：つゆとをち　つゆときへにしわがみかな　なにわのことは　ゆめのまたゆめ（人生の空しさ、切なさ、はかなさを読んでいる。あれほど権力や富を手中にした人の作とは思えない。）

（江戸時代）

徳川家康：先に行く　あとに残るも同じこと連れて行けぬをわかれとぞ思う（おれは先にいくがどうせお前たちも死ぬことになる、それが別れというのだ。殉死を諫《いさ》めているとも受け取れる。長寿だったせいもあり秀吉とは違って人生を達観している）。

蒲生氏郷：限りあれば吹かねど花は散るものを心みじかの春の山風（時期が来れば花は自然と散るものだ。しかし時期でもないのに早や散らそうとする。若くして死ぬことを惜しんでいる）。

細川ガラシャ（明智玉）：散りぬべき時知りてこそ世の中の、花も花なれ人も人なれ（死ぬべき時がきたら潔く死ぬそれが美意識「侍精神」である。カトリック教徒であってなお女性ではあるが前記秀吉や氏郷よりも益荒男振りが感じられる）

浅野内匠頭《たくみのかみ》（長矩《ながのり》）：風さそふ花よりもなほ我はまた春の名残りをいかにとやせん（風に散る花も名残惜しいけれども今まさに命を落とさんとする私には春が惜しい。口惜しさがにじんでいる）

（幕末から明治維新）

吉田松陰：身はたとえ武蔵の野辺にくちぬとも留め置かまし大和魂

：かくすればかくなるものと知りながらやむにやまれぬ大和魂

西郷隆盛：ふたつなき道にこの身を捨て小舟波たたばとて風ふかばとて（僧月照との入水時の句）

土方歳三：たとひ身は蝦夷《えぞ》の島根に朽ちるとも魂は東の君やまもらん（君とは天皇ではなく徳川家のことである）

岡田以蔵：君がため尽くす心は水の泡消えにし後は澄みわたるそら（人切り以蔵の異名をもち勤皇派としてテロ活動に従事して斬罪に処せられている。潔さが感じられる。この君は天皇のことである）。

高杉晋作：おもしろきこともなく世におもしろくすみなすものは心なりけり（後世の人が何を言おうが自分のことは自分が一番よくわかっている。人生を達観している）。

この時代の人々は善悪を超越した高い志をもって我が身を犠牲にしても国家や理想のために尽くそうとしている。特に志士とよばれた。今日とは異なって保守派もリベラル派も口先だけの議論ではなく誰もが自らの思想（考え）に命（人生）をかけていた。

殉死《じゅんし》

料金受取人払郵便

小石川局承認

6163

差出有効期間
令和6年3月
31日まで
(期間後は切手をおはりください)

郵便はがき

112-8790

105

東京都文京区関口1-23-6
東洋出版 編集部 行

本のご注文はこのはがきをご利用ください

●ご注文の本は、小社が委託する本の宅配会社ブックサービス㈱より、1週間前後でお届けいたします。代金は、お届けの際、下記金額をお支払いください。

お支払い金額=税込価格+手数料305円

●電話やFAXでもご注文を承ります。
電話 03-5261-1004　FAX 03-5261-1002

ご注文の書名	税込価格	冊　数

● 本のお届け先　※下記のご連絡先と異なる場合にご記入ください。

ふりがな
お名前　　お電話番号

ご住所　〒　　－

e-mail　　@

ご記入いただいた個人情報は、お問い合わせへのお返事、ご注文の商品発送、新刊・企画などのご案内以外の目的には使用いたしません。

東洋出版の書籍をご購入いただき、誠にありがとうございます。

今後の出版活動の参考とさせていただきますので、アンケートにご協力いただきますよう、お願い申し上げます。

● この本の書名

● この本は、何でお知りになりましたか？（複数回答可）
1. 書店　2. 新聞広告（　　　　　新聞）　3. 書評・記事　4. 人の紹介
5. 図書室・図書館　6. ウェブ・SNS　7. その他（　　　　　）

● この本をご購入いただいた理由は何ですか？（複数回答可）
1. テーマ・タイトル　2. 著者　3. 装丁　4. 広告・書評
5. その他（　　　　　）

● 本書をお読みになったご感想をお書きください

● 今後読んでみたい書籍のテーマ・分野などありましたらお書きください

ご感想を匿名で書籍のPR等に使用させていただくことがございます。
ご了承いただけない場合は、右の□内に✓をご記入ください。　□許可しない

※メッセージは、著者にお届けいたします。差し支えない範囲で下欄もご記入ください。

●ご職業　1.会社員　2.経営者　3.公務員　4.教育関係者　5.自営業　6.主婦
7.学生　8.アルバイト　9.その他（　　　　　）

●お住まいの地域

都道府県　　　　市町村区　男・女　年齢　　　歳

ご協力ありがとうございました。

殉死とは一般に主君が死んだ時、臣下があとを追って死ぬこととされ、殉葬とは殉死させたうえで葬ることとされている。

邪馬台国の卑弥呼の死去におよそ百人の奴婢が殉葬《じゅんそう》されたとされている。
我が国における殉死の例として次が挙げられる。
島津義久（薩摩藩）：十五人
島津義弘（薩摩藩）：十三人
鍋島直茂（佐賀藩）：十二人
鍋島勝茂（佐賀藩）：二十六人
伊達正宗（仙台藩）：十五人
細川忠利（熊本藩）：十九人
徳川家光（将軍）：五人
乃木希典：山口県長府藩士の子として江戸長府藩上屋敷、現東京都六本木に生まれる。
明治天皇の大葬の礼の当日殉死。

徳川四代将軍家綱は幕府として殉死を禁じた。にもかかわらず報恩、義理、慣例、子孫の繁栄、扶持米の確保などのために殉死が実行されていた。殉死に対する国民の感情はけして否定的なものではなかった。

しかし島津義弘の場合のみは法令に違反したとして忠節が認められず家禄も失われ、残された家族はつらい状況に陥っている。地位の確保や立場感覚によらないで結び付いた真の人間関係であったことを示している。

これは江戸期を通じての薩摩藩における教育から生み出された藩風（国柄）ともいうべき精神作用の現れであった。西郷や大久保において代表される。

乃木希典の殉死について司馬遼太郎はその著書『殉死』において批判的に書いている。夏目漱石や森鴎外が尊敬していた将軍、軍神ともされていた人物を批判することは社会的にも個人的にも大きな責任を負うことになる。

一介の戦車兵としてノモンハンの戦いに参戦し兵器の性能が精神（大和魂）に勝ると

いう合理性を身をもって体験したことと無関係ではないであろう。

時至って文（静：大和心）が、武（動：大和魂）へと変換したエネルギーの残照が光っている。

芥川龍之介や白樺派の文人たちも乃木に対して批判的であった。人道主義（ヒューマニズム）的立場からの考えであろう。

古代エジプトや古代中国にも殉葬はみられるが武家社会における殉死という概念は日本独特のものであろう。損得やしがらみを超越した殉死こそが臨在感的状況把握のなせるものであろう。

相手や世間さらには国家との漠然とした関係（しがらみ）を自分の中で極限にまで高めていって遂には天与の命を捧げて恩義に報いるに至る。

殉死という観点からすれば三島由紀夫の割腹自殺も国家に対する殉死（諫死《かんし》とも）であったといえようか。

臨在感的状況把握の利点は予知能力にあり、スポーツや宗教・技芸・芸道などにおいて発揮される。欠点としてテロ行為や洗脳工作に誘惑されやすい。欠点を補うには自制心（セルフコントロール）や自己監視能力を高める必要がある。

それを可能とするには従来の戒（戒律・絶対善）への認識を必要とする。破戒（戒律を破る）行為に対しては必ず自罰（自らを罰する）を以て報いるという厳しい理念を個人及び社会に浸透させることである。

自らが出来ない場合には法（他律）によって厳然と裁かれ、事後（判決後）の温情や憐れみのＳＮＳ・チャットやメディア発信を一切認めないことである。

今日のテロや秩序の乱れによる世情不安はこうした無責任な発信源による情報が個々人の臨在感的状況把握によって増幅されて起こされた部分が大半を占めている。

今後は個人及びメディアによる発信の手段（ツール）がますます多くなる傾向にある。表現の自由は断じて自由放任であってはならない。なぜなら今日にあっては表現の自由は行動（発信・放送）の自由と同義となっているからである。

ＮＨＫの存在意義についても再検討が必要である。

益荒男《ますらお》振りか手弱女《たおやめ》振りか

国学者「賀茂真淵《かものまぶち》」は、奈良朝に編纂された『万葉集』について、技巧を不要とし武を尊ぶ真の心を訴えているとして「ますらおぶり」（男性的で勇猛性）が歌われていると評している。

他方弟子であった「本居宣長《もとおりのりなが》」は、万葉の時代は恋心や揺れ動く心の乱れを恥ずかしいと感じて（周りの空気を読んで）いて本心を言わなかったのである。それは人の真心ではないとして「たおやめぶり」（周りの空気に流されず本心をさらけだす）ことこそ真の強さであるとした。

宣長の和歌「しきしまの大和心を人問はば朝日に匂う山桜花」には、上る朝日にたくした熱い思いの高まりを感じさせる。匂い立つ桜に自身（武士）の勇猛さや潔さを託しているようである。

江戸後期から末期にかけては藤田東湖《ふじたとうこ》・佐久間象山《しょうざん》・宮部鼎蔵《みやべていぞう》・吉田松陰などの尊王論者や国防論者・兵学者が輩出する。東湖は尊王攘夷思想の中心となった水戸学の教祖として、また松陰は教育者の鏡として後世に評価されている。

大和魂の起源ともなったと考えられる前記の歌や思想は、時代を経て作者の思想や意図を超えて進歩的知識人や文化人たちによって紹介・活用されて国政や国民感情をも左右するほどになっていく。

江戸時代中期以降はリベラル派であるべき進歩的知識人たちが保守派（大和魂派）となって当時リベラル化していた儒学思想家たちを批判するようになる。この時代に興隆した思想や精神が「埋《うず》み火《び》」として残り、昭和になって燃え上がり軍国主義と結びつくことになる。

国家としてはこうしたムード（空気）を対外に対する自国精神（アイデンティティ）の

発露として、また戦時や大規模災害に際しては国民の愛国心や団結心の高揚のために利用してきた。

檀家《だんか》制度と廃仏毀釈《はいぶつきしゃく》

江戸時代になって幕府が寺院と檀家のつながりを強制した。これは仏教を国教化したようなものである。檀家制度は幕府が体制維持のために仏教を利用して民を管理・支配するための方策でもあった。

この制度は各家単位ごとお寺の信者にするもので仏教本来の制度とはいえない。ところがこれはお寺にとってもうまみのある制度でもあった。

人々は法要《ほうよう》を行ってもらう代わりに布施や寄付をさせられた。それ以来寺院においては教化活動（布教活動）や修行を怠けても立ち行くようになってお坊さんの堕落（俗化）

につながっていく。

これは旧教（カトリック教）において教会に権威や権力が集中し過ぎることになって、これに対する反動として聖書を中心とすべきであるとする新教（プロテスタント諸教派）が派生したことに通じる。

このために維新後、明治政府は神仏分離令を発令するとともに代わって神道を国教に指定することになる。それによって敬神廃仏（神道を敬い仏教を排する）の気運が高まってくる。以降葬儀などについても仏式葬儀（仏式葬祭）から神葬祭に移行していく。

これに伴なって菩提寺《ぼだいじ》（先祖代々の墓が置いてある寺）から檀家をなくして廃寺とする布告が地方の藩や県で行われるようになる。仏壇には祖霊（先祖の霊）が祀られてて本尊（仏教の神様）よりもむしろ先祖の位牌の方が重視されるようになっていく。

廃仏毀釈《はいぶつきしゃく》が寺院破壊や教典・仏像の毀損に発展したことは明治政府が行った悪例としてみなされることが多いけれども政府は神仏分離令を出しただけであって廃仏毀釈令をだしたのではなかった。

分離令の発令に伴って日本国民の特徴ともいえる臨在感的状況把握（周りの空気に流される）や権力者（お上）に対する忖度《そんたく》（応報感覚・サーバント感覚）が増幅されて熱狂に至ったことによる結果である。責任の大半は国民にあったとされるべきであろう。日本人が熱狂の中で決めたことは、大抵間違いである（与謝野馨）。セクトにくみしない精神の独立、抑制の利いた粘りある態度こそがポピュリズムなどに惑わされないで行動の自由を確保することができる。

ただし政府としては神道を国教に指定したことでそれまで多神教的で穏やかな性格をもっていた神道を天皇を頂点とする一神教的宗教（絶対真理）へと変貌させる道を開いた責任は免れない。

また国学者平田篤胤が復古神道（皇学）ともいえる理論を樹立し、儒教色・仏教色を完全に排除するとともに天皇を万国の君主「霊の真柱《しんばしら》」（中心）としたことも大きな影響を与えたといえる。

すなわち大和心（和）の権化であった静（心）の神道を動の神道（魂）へと昇華させていくことになる。

教育がある程度行き届いていて啓発された国民で構成された社会においては「ペンは剣よりも強し」という理論が成り立つということか。もちろん当時の風雲急を告げる国際情勢も考慮しなければならないのではあるが。

今日大和魂を鼓舞する方策として政治・経済・軍事はいうに及ばず、スポーツ・文化・芸術・技術分野において国際的に高い評価をえることが考えられる。

大和魂は七十歳後半の国民にとっては誤解されて良い印象をもたれていないようである。しかし大和魂は飽くまで感情・感性・直感によって構成される超自然的啓示の産物であって決して目に見える刃《やいば》ではない。大和心と一心同体である。

臨在感的状況把握によって言葉（語）に霊魂や力が宿っていると考える護憲派思想家たちの日本国憲法に対する考え方と七十歳後半の国民の大和魂に対する感情とは似たものであろう。

我が国の精神文化の現れである大和魂を正しく理解し心に留め置くことは敬天愛人や愛国心さらには愛社精神などと結びついて、その効果は計り知れない。日本国の国際的な評価を高めるための精神的な支柱となって政治・経済・軍事・文藝・スポーツなど多方面にわたって好ましい影響を与えるであろう。

各分野にわたって自国の国際的な評価が高まれば愛国心も高揚し、引いては少子化傾向をも食い止めるカンフル剤にもなるであろう。

江戸時代半ばから明治にかけてはリベラル思想と保守思想が相互に入れ替わり思想の立ち位置が判然としていない。正に今日と同様の様相を呈している。

誤解してはいけないことはリベラルとはあくまでも左右両極端からみて中心部分（中庸）をいうのである。しかし、世の中の動きや思い込みによって天秤の中心は動かされることを念頭におかなければならない。

下剋上《げこくじょう》（裏切り）

日本史においては下剋上とは下位の者が上位の者を政治的あるいは軍事的に打倒して

身分秩序（上下関係）を犯し、権力を奪い取ることとされている。

○著名な下剋上の例

（実施者）	（受けた者）
朝倉氏景《あさくらうじかげ》	斯波義孝《しばよしたか》
尼子経久《あまこつねひさ》	京極政径《きょうごくまさみち》
細川政元《ほそかわまさもと》	足利義植《あしかがよしたね》
今川氏親《いまがわうじちか》	吉良義堯《きらよしたか》
毛利元就《もうりもとなり》	武田元繁《たけだもとしげ》
齋藤道三《さいとうどうさん》	土岐頼芸《ときよりのり》
陶晴賢《すえはるかた》	大内義隆《おおうちよしたか》
明智光秀《あけちみつひで》	織田信長《おだのぶなが》

宗家（主家）の地位を奪って戦国大名となったり、守護代が守護を廃立させたり上司

を排除してその地位を奪ったりすることが下剋上とされてきた。

しかしこの資料からうかがえるように下剋上をしかけた面々を見てみるとほとんどの人物が器量があって指導者または覇者として相応しいと思えるほどの武将たちである。むしろ下剋上をされた方の武将たちこそがその地位に相応しくないか、もしくはその人物に多くの欠点や問題があったような背景をもっている。

しかし下剋上が達成された後にも結果として完全に支配体制や体系が変わらない場合の方が多かったようである。江戸時代の朱子学に縛られた発想から秩序を乱す者の烙印として下剋上という命名がなされたのであろう。

トップが入れ替わっただけで組織は変わらずに身分制度や社会秩序は依然として従来通り維持されたままほとんど変化してはいない。

中国やロシア・北朝鮮のように革命（社会に対する下剋上）によって国家体制が大きく変わることはなかった。

齋藤道三の国盗りは数少ない典型的な下剋上の例として歴史にとりあげられている。けれども後に息子に討たれ戦国の世の秩序を乱した者として芳しい評価を得ていない。

また織田信長と明智光秀の関係においても光秀は長期政権を維持できずに三日天下などと揶揄《やゆ》されている。

このように日本社会においては下剋上を成功させることはかなり困難であり、また歓迎されない。調べてみるとむしろ上位の者が下位の者を討ったり、あるいは左遷した事例のほうが圧倒的に多かったようである。

それは日本社会に儒教や仏教の教えに基づく道徳的観念に沿う秩序文化が根付いていて変化を嫌う理由によるからであろう。

その点土民や村民による「土一揆《つちいっき》」や地域住民による「国一揆」のような一般大衆による処遇改善要求的な暴力行為は単なる下剋上とはみなされていない。

ストライキは容認されるということか。

今日の政治組織や会社組織においても下剋上的な行為は歓迎されていない。未だ欧米のような実力主義社会とはいえない。

今日にあっては上下関係をふくめて一応身分制度は存在しないとされている。したがって実力（能力・経済力など）で地位を奪取確保することは道徳的にも道理にも叶っていて全く問題がないはずであるが、社会的にそれほど評価されていない。

下剋上を道徳的（儒学や朱子学的）な観点から裏切りと解釈した場合、内部告発は組織に対する裏切り行為とみなされてしまう。しかし現行法（西欧的な法治主義）に基づけば正当な行為である。

朝廷や幕府および地頭や庄屋による支配体制に縛られてきた庶民にはサーバントマインド（奴隷根性）が根付きやすい。そのために今日にあっても上位の者を超えたり既成の望ましくない秩序を破る行為をも潔しとしない傾向にある。

このように日本社会は今日なお健全な法治国家とはいえない部分を多く残している。そのために特に善悪の判断を迫る問題については裁判官や弁護士に任せっ切りにしないで個々人の教養と判断力を高め、判決に反映させていく必要がある。

進歩的知識人や文化人たちと一般大衆のもっている社会常識や生存競争に係る感覚には大きな開きがあることを認識する必要がある。

今日ヘッドハンティング（野球におけるトレードなど）や転職は社会や会社組織の活性化と世の中の発展に必要な行為であるとのコンセンサスも大分と得られてきている。

しかしまたこうした行為の行き過ぎは中国や北朝鮮にみられる相互監視社会をまねくことにもなる。不文律の中に自ずと公序良俗が維持されてきたかつての穏やかで平和な日本社会の良さを蝕むものでもある。

国民一人一人の判断と自覚が今こそ必要とされている。それが自律（自らを律する）である。無責任なメディア情報やSNS情報、さらにユーチューバーなどによる情報発信や言語的集団暴力に左右されず屈しないだけの知恵と精神力（大和魂）を身に付ける必要がある。

総理大臣などの殺害・襲撃事件

ロシア皇太子ニコライ二世：警護に当たっていた滋賀県の巡査津田三蔵《つださんぞう》によって切り付けられる。

井伊直弼：攘夷思想家達によって江戸城桜田門外にて暗殺される。開国及び安政の大獄への責任追及。

大久保利通：石川県・島根県の士族六名によって東京麹町紀尾井坂で暗殺される。西南戦争や薩長閥への反感が起因とみられている。

伊藤博文：大韓帝国の民族運動家安重根《あんじゅうこん》によってハルピンにて射殺される。ロシア蔵相との会談のために同地を訪れていた。日本による朝鮮の植民地化への恨み。死刑。

原敬：国鉄職員の中岡艮一《なかおかこんいち》十八歳によって東京駅で刺殺される。メディアでは政府のとった政商や財閥よりの政策や普通選挙が行われなかったことに対する反政府思想によると報道されている。

しかし真相は高嶺の花の彼女に恋して気を引くために書いた懸賞脚本が落選したことや過去の新聞記事が暗殺者に同情的であったことなどから犯行に及んだとされている。犯人は恩赦によって釈放されている。

犬養毅：五・一五事件で首相官邸にて銃殺される。政府への漠然とした恨み。

高橋是清：二・二六事件で私邸にて射殺される。政府への漠然とした恨み。

齋藤実：二・二六事件で自宅にて射殺される。政府への漠然とした恨み。

浜口雄幸：右翼活動家の佐郷屋留雄《さごうやとめお》によって東京駅で銃殺される。世界恐慌や金本位制導入失敗など社会の経済悪化にともなう被害者意識などによる。死刑判決後恩赦によって無期懲役、後に仮出所、出所後全日本愛国者団体会議の初代議長となっている。

浅沼稲次郎：十七歳の保守思想家山口二矢《やまぐちおとや》によって日比谷公会堂にて演説中に刺殺さ

れる。日本の共産化への危機感や氏の訪中時における「米帝国主義は日中共同の敵」の発言が誘因ともいわれている。現場において自殺を図ったが警備の巡査に制止されている。収監中に首を吊って自殺。十七歳であったが実名が公表されている。

安倍晋三：山上徹也《やまがみてつや》によって応援演説中に手製の爆弾にて銃撃される。動機は現在のところ調査中となっている。

以上からうかがえる事件の動機はメディアによればリベラル派か保守派かを問わず概ね当時の政府や権力者に対する反感や抗議によるものと報道されている。

また保守派であろうと思われる幕府（政府）方がリベラル派となったり、今日からはリベラル派とみえる原敬がリベラル派的思想の青年に殺されたり、実際は全く個人的で無責任な動機であったりと本当の根拠や動機は不明な場合がおおい。

ただし浅沼稲次郎を刺殺した山口二矢については自らの思想のために命をかけて行為に及んでいることが明白である。関連記事は前記「リベラル派とは」（P29）で述べている。大津事件の犯人、警護官であった津田三蔵の裁判における言によれば、ニコライ二世の日本訪問の最初の地が東京ではなく鹿児島であったこと。その理由が十四年も前に既に死んでいた西郷隆盛が鹿児島に生存していたためであると一人合点した。そうした風評は世間一般に流れていた。

彼は官軍として西南戦争に参加し勲章を貰っていた。もしも西郷が復活していたら西南戦争での自分の功績も勲章も取り上げられるのではないかと危機感をもったとのこと。これは菅原道真や源義経の復活思想にとらわれた感覚からきている。

山口二矢を除くほとんどの事件が思想団体あるいは自分が臨在感的仮想集団（周りも自分と同じ考えだろう）の一人として無責任なまま行為に及んでいるようである。

一見全く馬鹿げた妄想による事件と受け取れるけれども今次安倍元首相の襲撃事件に

共通したような心象がうかがえる。

それはまさに臨在感的状況把握によってもたらされた妄想による行為であろう。自分と家族の関わる宗教や政治に対する不満を周囲の人々も自分と同じように感じているだろうとひとり合点する。不満の矛先が漠然としているために目標をある象徴的なもの（人物や組織）に設定する。

自分は周囲の人々（実際には存在しない）の支持をなんとなく受けていてその代弁者であるからその行為は正当であり、責任を周囲（社会・衆）に分散させ希薄化させて自らの罪の意識を拡散霧消させる。

そうであるから他人の生命・財産を奪った（絶対悪）犯罪に対する責任観念が全くない。これほど始末に困ることはない。悪いことをしたという責任感のない者を裁判にかけても無意味である。まさに宗教や道徳の不在にほかならない。

当該犯罪に対する周囲の人々やメディアの心象もまた犯人同様に臨在感的状況把握

（空気）に操られていて正当な善悪の判断ができない。「善人なおもて往生をとぐいわんや悪人をや」の教えのまね事をして納得しうやむやにしてしまうことになる。

我が国における仏教（大乗仏教）は概ね大和心（ロマン性）を基本として成立しているといっても過言ではないほどに厳しい教えではなかった。また宗教の本質ともいえる排他性も弱く国家や世界を席巻しようとするほどの動的エネルギーも弱いものであった。宗教における善と悪（天子と悪魔）は峻別《しゅんべつ》（厳密に区別）されるべき命題であるのが本来である。しかし我が国での教えはそうはならなかった。

キリスト教やイスラム教には必ず「汝何々するなかれ」という厳しい戒（戒律）が存在する。

我が国では宗教において基本的に大切な「戒律」の概念が極めて希薄であった。戒律の代替として厳しい修行がある。しかし選ばれた一部の僧（始祖）のみが衆生（一般大衆）に代わって厳しい修行を引き受けて戒律をクリアすることによって教えを広めてきた。

そのために修行（苦行）を経験しなくて済んだ一般大衆はその果実のみを頂くことで戒律（裁き・法）が厳然として存在することをなかなか理解できないし認識できない。

『歎異抄』に書かれてある善、あるいは絶対善といった理念の根本はこの戒（戒律）を身を以て習得（体験）することによってのみ語られるものであろう。厳しい修行を経験しないで善のまね事（他人に対する同情など）をする行為はむしろ悪を勧める行為であるともいえよう。

ジャーナリスト・進歩的知識人・ＳＮＳやチャットの発信者はもとより国民一人一人の自律と自覚が望まれるところである。

一般に日本の宗教には根本理念となる法典がないと言われているが、天台宗や日蓮宗には法華経など、臨済宗や曹洞宗には般若心経などの根本経典がしっかりと存在しているのである。

余談ではあるが大津事件当時日本は明治維新がなってたった二十四年しか経っておらず本事件の結果が大国ロシアとの関係に大きな影響を及ぼすことを全国民が恐れたとのこと。

天皇陛下をはじめ政府中枢は震えあがったともいわれている。ロシアからの領土割譲要求や最悪戦争になるかも知れないと考えられた。今日のロシアをみてもうなずける。

天皇陛下自らの謝罪や国をあげての皇太子もてなしによってかろうじて切り抜けている。

ところがこの事件を犯した犯人は死刑ではなく無期懲役で済んでいる。これは政治圧力を排し司法権の独立を全うした大審院（今日の最高裁判所にあたる）の判決によったとされている。

この判決が妥当であるか否かについても十分検討の余地があろう。

またニコライ二世が襲われた時、彼を乗せていた車夫二人が体を張ってこれを阻止している。今日ではなかなか見ることの出来ない行為である。この行為が国を救ったことは紛れもない事実であろう。彼らはとっさに悪に対する善の発動（大和魂）を啓示したのである。

こうしたテロは議会政治（代議政治）が正常に機能し国民の理解と認識が十分に得られていたら本来起り難いことである。しかし自由民主主義体制は多数の意見（多数派の政党や思想）によって運営されることが本分であり最終的には多数決となって少数派や個人の不満を内在させることになる。

その不満や個人的思い込みに伴う反発や反抗に対する抑止力のさじ加減（警察力の強化や相互監視など）が権威主義国家や専制主義国家に比べて著しく難しい。

徒党を組んだり組織的な暴力や反対思想については未然防止が比較的容易であるが単独犯（一匹狼）や宗教がらみの案件は防ぎ難い。

個人的であれ組織的であれ自由民主主義社会において国家や議会政治に対し暴力をもって刃向う行為は断じて許されるものではない。また許されるべきではない。

日本人特有の温情や優柔不断による処分や判決は往々にしてこうしたテロ行為を助長することにつながり公序良俗の平和な世をみだすことになる。

法（根本理念）に基づいて最後の審判が下された後は罪人の意志（減刑希望か、責任を感じ死刑を望むか、或いは自裁に及ぶか）に関係なくせいせいと法に則って処断されるべきである。聖書に示された「目には目を歯には歯を」について改めてかみしめる必要がある。

この報復（リタリエーション）理念は今日なお政治・経済・軍事における国家間の秩序

維持に有効に機能している。

それを無責任な他人（特にメディア）が臨在感的状況把握によっていかにも善の顔をして温情的に論評することは厳に慎むべきであろう。その行為は法治国家と健全な精神文化の根本を揺るがすものである。

法（根本理念・ゴールポスト）と臨在感的状況把握（ムードや思い込み）とは本来明確に区別されるべき次元にあるものである。決してゴールポスト（原理）を動かしてはならない。ゴールポストが不動であってはじめて競技や規約が成り立つのであり、皆が安心して平和な世が送れるのである。

韓国の対日外交におけるゴールポスト移動に対して寛容であることは、逆に日本のゴールポスト（根本理念・法）の概念が希薄であることを裏付けていることでもある。国際社会の一員として振る舞うためには他人の振りを見て我が身を顧みる必要があろう。

また韓国や中国における原子力発電所処理水の海洋放出反対運動や周辺地域の産物輸入禁止措置、その他の被害妄想による反対運動などは今日の我が国民感情を映すものでもある。

これは古代アニミズムや儒教や大乗仏教の教えに大きく影響された心象の名残りでもあろう。それだけではない理由も大きかろうが。その証拠に自国は日本の何倍もの処理水を放出しているのである。

中国に「泣いて馬謖《ばしょく》を斬る」という諺がある。規律や秩序を守るために私情を離れ、涙をのんで愛する者を処断する。それによって生ずる自分の心の葛藤や責任は自らが受け止めることによってこそ斬られた相手の迷いをも共に担ってあげ得るという考え方である。これこそ「善人なおもて往生すいわんや悪人をや」の極意ではないだろうか。

死刑執行は法務大臣一人が担当しているのではない。また死刑の判決も最高裁判所の裁判官が決めているのではない。国民の総意によって国民一人一人を代表して行っていることを十分に理解する必要がある。

十分な検証もなく個人的な許しや同情心による社会への発信は自らの責任を逃れる卑怯な行為であり社会にとっても害を及ぼす行為である。

なぜ大和心へと回帰するのか

風の音にも心動かし花にも誘われやすいうえに、探求心と競争心豊かな日本民族。それ故にユーラシア大陸に興った世界四大文明から隔たっていた後発のハンディキャップを常に意識せざるをえなかったのであろう。

大和心や大和魂の精神（観念）は、良くも悪くも大陸に興った文明（仏教・儒教・キリスト教など）のもっている近代的な思想や根本理念に対抗・拮抗するための後発民族の精神的な拠り所として、また自国文化の根源として必要不可欠の要素でもあったのである。

根本理念（不動の姿見）を持たない日本教（臨在感的な物事の把握法）に影響された日本人は物事を一面的にとらえる傾向にある。すなわち比較検討を嫌う。何故なら周りがたいてい自分と似たような考えや行動パターンをとっている人たちばかりだからであった。

　家族や村社会で密に結びついた仲間意識は他（外）を疑い嫌う感覚が醸成されやすい。この感覚は社会主義やマルクス主義的な思想家に利用されやすい。

　一九五五年七月十五日、日本共産党は民族対策部を解散するが逆に沖縄と奄美の共産主義者は共産党に組み込まれていく。

　一九四六年二月、日本共産党第五回大会は沖縄の人々を抑圧された民族と定義して「沖縄民族の独立を祝うメッセージ」を採択し、沖縄と奄美に対する指導を強化した。

　一九五三年十二月、筆者が六歳の時、奄美は沖縄に先がけて日本に復帰するのであるが当時平等をうたった共産思想（島では共産党と呼ばれていた）が島中を揺るがしていた。

　毎朝、肥え桶を担いで田畑に向かう祖母がよく「信じられるものは土と鍬だけだ」と怒ったようにこぼしていていたことが記憶にある。沖縄よりも十九年も前に日本に復帰したことで奄美はその影響を低減することができた。もちろん奄美人の平衡感覚もあってのことでもあろうが。

また仲間内では気心があっているので言うだけ言ったらあとは安心してまかせて平気である。なにごとも最後は水に流してしまって振り帰りや蒸し返し（再検討）を嫌う。そのために同じような過ちを何度も繰り返すようになる。大きくは戦略的な対外政策から国内問題や大規模災害対応などにおいてそうであった。自身の反省を含めて物事のあるべき姿（本質）を探り出そうとすることが苦手である（著者自身もそうである）。

それ故「人の振り見て我が振り直せ」外来の文化を姿見として取り入れ咀嚼《そしゃく》する過程において自国文化の価値を発見し、その度にノスタルジアに駆られて復古運動が間欠的に起こるのである。

ちょうど年老いた小野小町が久しく姿見に写る自分を見て初めてこの頃道行く人々の自分に対するその無関心な視線の理由に気付いて、時めいていたあの頃の自分の姿をあれこれと懐かしむようなものである。ロマン主義民俗学研究者の得意とするところである。

大和魂の変遷

個人に人格〈文化と精神〉があるとすれば国家にも慣習・宗教・地政学的影響に起因する「国格や国柄」があるといえるのだろうか。それは国民それぞれの人格形成に影響を与えていて、その国の伝統や文化といえるものなのか。

わが国は歴史上の大きな転換点であった明治維新を迎えて、近代化〈西洋化〉という新しい目標に向かって大きく舵を切ったといえる。

鎌倉時代から江戸時代末期にかけての武家社会にあっては、四大文明の一国であった中国を手本として地生えの大和心を保持しつつ中国の進んだ知識・学問を積極的に取り込んで「和魂漢才《わこんかんさい》」を目指したといえよう。

当時の中国は西洋とは違って一神教をもつ宗教国家ではなかったけれども、儒教や道教などを哲学的に高めることでキリスト教国家と比肩する程の帝王学〈今日では一党独裁の共産党）を有する一大国家といえるほどの近代国家であった。

曲りなりにもその中国を手本としてやってきた我が国は江戸時代末期になって突然より近代化された横暴な欧米列強によるアジア侵略を目の当たりにすることになる。

臨在感的状況把握の感覚の鋭いわが国に反して西洋化を拒否してその波になかなか乗ろうとしない中華圏（パックス・シニカ）のアジア諸国とは一旦距離を置いてでも欧米と向き合わなければ大変だとの思いで「脱亜入欧《だつあにゅうおう》」政策をとるようになった。

一八五七年、江戸幕府がオランダに発注して作らせた蒸気軍艦「咸臨丸《かんりんまる》」が長崎に回航した。艦にはカッティンディーケ以下三十七名のオランダ人の海軍軍人の教官が乗艦していた。カッティンディーケは後にオランダ海軍の海軍大臣に就任するほどの人物であった。

またオランダの勢いが衰え、代わってイギリスが台頭してきたら今度は英国海軍の教官アーチボルト・ルシアス・ダグラス少佐以下の海軍教官を招請する。彼は後の英国海軍大臣となった人物である。

日本はとてつもなく高い給料を払って当時世界第一級の外国人教官や講師を招請して

教えを乞うたのである。高い価値あるものを高い価格で手に入れる。そのことによって当時の近代国家に肩を並べるところまで達したのである。

高い価値あるものを買いたたくのではなく高く買うことによって自らの製品にもプレミアムが付くことを理解していたのである。今日の企業運営の参考ともなろう。

またその十四年後の一八七一年には岩倉具視以下政府要人多数を含む百八名の使節団が国家を留守にして二年間の長きにわたって諸外国視察旅行を敢行している。

こうした国家を挙げての近代化へのあわただしい状況を司馬遼太郎はその著書『坂の上の雲』のなかで「坂の上の一朶《いちだ》（一片）の雲をみつめて全国民が一心不乱に坂を上ってきた明治という時代」と表現している。

これはまさに日本人特有の時代の流れと空気を敏感に感じ取った行動（臨在感的状況把握）の良い点といえる。他方、為政者をふくめて日本国民が情況倫理（時代の空気）に支配（脅迫観念に駆られて）されてあまりにも拙速《せっそく》に行動した時期でもあったともいえる。

その結果、維新以降は、連綿と続いてきた日本の歴史を通じて身に着けていた日本固有の精神「大和心」や「大和魂」は多少脇においてでも近代化された西洋文明を積極的に取り入れなければならないとする政策を採ってきたといえる。その傾向は今日もなお引き継いでいるようである。

原罪と自罪

キリスト教においては、人は生まれながらに罪を背負っていて現世において自分が犯す罪（自罪）から逃れる自由はないとされている。逃れるには唯一神の恩恵によるのみとなっている。ならば現世において自分の犯した罪からどのようにして逃れているのだろうか。

ところがキリスト教社会に生きる人々はこの二律背反（根本理念と現実世界との大きな隔たり）とも思える理念を迷うことなく実践しているようにみえる。

このことは荀子《じゅんし》の性悪説（天界と人間界の分離）を待つまでは、孟子《もうし》の性善説（天命思想・

天神相関説）を否定する根拠をもつことができなかった日本人の観念からすればそれこそ神業ともいえよう。

出家（俗を絶つ）に際して釈尊《しゃくそん》（お釈迦様）や西行たちがあれほど悩んだと思える出家界（戒律に従う厳しい世界）と俗世界（現実世界）との隔たりや葛藤はキリスト教社会にはないのだろうか。

米国の文化人類学者ルース・ベネディクトは著書『菊と刀』で次のように述べている。「日本人は常に自己の行為の結果責任をとらねばならないと考えている」。また「日本人が精神的に苦痛を伴うことなく一つの行動から他の行動に転換しうることが信じられない」と。

また『菊と刀』の母体となった『日本人の行動パターン』では日本人の行動を責務体系（報恩《ほうおん》）と自己鍛錬（滅私奉公《めっしほうこう》のための精神修養）として武士の心構えの本質を喝破している。自己鍛錬については精神修養によって無我の境地に至り恐怖感から解放されると解いている。

これは佐賀鍋島藩士山本常朝《やまもとつねとも》の口述を筆記した『葉隠』の「武士道と云ふは死ぬ事と

見付けたり」における武士道精神の考え方とほとんど一致するものである。『葉隠』は朱子学的服従と秩序・規律を重視・強調している。同時代に大道寺友山《だいどうじゆうざん》によって書かれた『武道初心集』においても、「常に死を思いつつ生を全うせよ。恥を知る者が義を守るとしている」。

要は、武士は常に死んだつもりになって一生懸命に奉公せよそれが武士たる者の本分であるという教えである。この思想（教え）がうまれた背景は、家柄や学歴などによって既に出世が決まっていて昇進の可能性が限られた下級武士たちの価値を見直させることにあった。

ルース・ベネディクトの著書『菊と刀』は出版後日本において進歩的知識人たちによって批判を浴びているけれども『日本人の行動パターン』と併せてみると実際に日本を訪れないでこれほどの精神分析ができるものかと驚くほどである。

インターネットやＡＩも存在していない太平洋戦争開始前後の情報統制下にあってよくもこのような分析ができるものかと感心させられる。入手できる資料も極めて限られていたであろうに。『武道初心集』や『葉隠』なども入手して読んでいたのかも知れないと思うほどである。

『菊と刀』で彼女を批判した進歩的知識人たちは恐らく不意に自己の内面を覗かれたことに対する驚きと恥ずかしさによる反発心からであろうと想像される。あまりにも的を射ているからである。

同じく海軍情報員でもあったドナルド・キーンは、司馬遼太郎との共著『日本人と日本文化』で「日本人は罪を犯して自白する場合必ず申し訳ないとか、とても悪いことをしたと言う。外国の場合は、犯人はまず否定する。自白しないですね。申し訳ないとは絶対に言わないでしょう」と述べている。

なるほど確かに合衆国連邦裁判所によって数々の罪に問われても否定し続けるトランプ氏の行動がそのことを実証している。

日本人と欧米人のこの違いはどこからくるのか。神と人間、天と人間の関係を峻別《しゅんべつ》して捉える一神教における罪人《つみびと》（人間）の許しはどうなっているのか。

両者を不可分に融合させて考える臨在感的現世認識（空気を読む・忖度する）をする日本人的感性の立場からはなかなか理解することは困難である。

もっともこの頃では犯した罪に対して彼らと似たような感覚や態度をとっている人々が増えてきているようではあるが。

明治初期の教養人にみる大和魂

日本人が和心や和魂を忘れて西洋文明の取得に心を奪われていた明治から大正時代にかけて「内村鑑三《うちむらかんぞう》」や「新渡戸稲造《にとべいなぞう》」ら多くのキリスト者たちが綺羅星《きらぼし》のように現れる。彼らは当時にあっていち早く西洋文明を身に付けた進歩的知識人でありまた国際人でもあった。

ところがその著書『代表的日本人』や『武士道』においては、それまで棚上げにされ大分と埃をかぶっていた日本的精神（和心や和魂）の大切さや正当性、さらにはそこから生ずる西洋文明への疑問をも投げかけられているのである。

キリスト教徒であったにもかかわらず「たおやめぶり」や「ますらおぶり」に内在するアニミズムや奉仕（滅私奉公）の精神などの良さを再認識するとともに、欧米の神（GOD）と日本のやおよろずの神を混交させたような汎神論的中庸性《はんしんろんてきちゅうようせい》や陽明学派的行動原理の価値を再評価しているのである。

西欧の文化に触れそれを深く探求する過程においてそれまで外来の文化の移入に熱心なあまりに忘れられていた自国の精神文化や情操文化をなおざりにしていたことに気付いたのである。

内村の著書『代表的日本人』では日蓮・西郷隆盛・中江藤樹・上杉鷹山・二宮尊徳の五人が代表として選ばれている。新渡戸の著書『武士道』では日本の道徳理念はキリスト教の根本理念にも迫るほどに昇華されたものであることを世界に知らしめようと試みられている。

またかつて日蓮は『立正安国論《りっしょうあんこくろん》』を著して時の執権（政府）の北条時頼に提出し政治や宗教のあるべき姿について直接意見具申をしている。そのために我が身は流罪となるが弾圧や迫害を恐れずその後も自説を高く掲げて布教を続けている。

その説くところは、ただ念仏を唱えておれば極楽浄土に往生できるというタナボタ式の教えに満足していてはいけない。積極的に行動し求道《ぐどう》するとともに他国からの侵略や国内の乱れにも対処する必要がある。死後よりも現実の世界を大切にすべき（現世利益）であると説いている。

これは全身全霊をもって静から動、個から衆、臨在感的把握から実在的状況把握の必要を説く広宣流布《こうせんるふ》（布教）ともいえるものでありキリスト教の教えとも合致するものである。この理念も後にその安国（国家安寧《こっかあんねい》）の部分が曲解強調されて軍部や好戦的な思想家（時の進歩的知識人）などと結びついて利用されることにもなっている。

内村はキリスト教信仰を究める過程において二つのＪ（イエスとジャパン）を融合させることが究極的な世界平和につながると信じて実践している。

『代表的日本人』に選ばれた五人も実は内村自身の臨在感的状況把握によって選ばれた可能性もあるとしてみなければならないだろう。内村から去って行った白樺派や自然主義的であった志賀直哉・有島武雄・正宗白鳥などは彼の根本主義（物事をうやむやにしない、水に流さない、空気に流されない）精神についていけなくなったのであろう。その精神こそが武士道であったのである。

内村から去って行った彼らはもう一方の代表的日本人だったのである。

内村は武士の家系に生まれたが故に、教育勅語奉納式において不敬を糾弾《きゅうだん》されることになって挫折する。彼にとって忠臣は二君に仕えずのサムライ精神を尊ぶ環境下に育った影響から、式の場において最敬礼すべき瞬間に立ち至ってあれかこれか（どちらのＪに忠節を尽くすべきか）と迷った瞬間についい会釈程度となってしまったのであろう（内村鑑三不敬事件）。

その後に起った日清戦争に際して彼は『日清戦争の義』を著して戦争を支持している。しかし日露戦争に対してはキリスト者の立場から絶対反対を唱えることになる。以後戦争反対を強く訴え続けた内村ではあったが徴兵拒否をしたいと相談してきた青年に対しては「家族のためにも兵役には行った方がいい」と諭すのである。

戦争は他人の罪の犠牲として平和主義者が自らの命を捧げることによってのみ克服されると説いて聞かせている。

キリスト教国家であるアメリカにおいてもベトナム戦争、グレナダ侵攻、パナマ侵攻と他国への戦争や侵攻がなされている。

また同じくロシア正教国家のロシアもアフガニスタン侵攻、クリミア侵略、ウクライナ侵攻などがなされロシア正教会のキリル総主教もこれを強く支持している。

政教分離といってもなかなかそうはいかないのがが現実である。

特筆すべきは内村が社会主義は一階級が他の階級に対して抱く敵愾心《てきがいしん》であるとしてロシア革命の起こる以前からすでにその本質（階級闘争）を喝破していることである。常に敵を求めて闘争せざるをえない社会主義やマルクス主義は如何にリベラルの看板を掲げても真にリベラルになることはできない。何故ならリベラル化（民主化）した途端に社会主義は崩壊するからである。我が国においてメジャーに成れない共産党や中国や北朝鮮の政治体制がそのことを示している。

武士は二君に仕えずや教会を教皇とその取り巻きと捉えた内村の感情や考えは、江戸幕藩体制を徳川家とその取り巻きととらえて福沢諭吉が勝海舟や榎本武明の生き方を批判したことに通じる。

福沢は勝や榎本は徳川家を救った英雄ではあるが人民を主体とした日本国全体の運営を考えた西郷との対比において彼らを批判したのである。これは万民平等思想や行動（知行合一・二君に仕えず）を旨とするかつての陽明学派的思考（大和魂）のあらわれでもある。

最もリベラリスト（進歩的知識人）であるべき福沢にしてそうだったのである。

内村や新渡戸たちはキリスト教における根本理念（絶対善）の追求の過程においてはからずも日本教ともいえる和魂や和心の精神の所在とその果たしてきた役割と価値を再認識することになっている。

後に輩出する倉田百三は親鸞の思想を下敷きに西田幾太郎の哲学やキリスト教、仏教を投影して人間の懊悩《おうのう》（悩みもだえる）や罪と信仰との相剋《そうこく》を『出家とその弟子』において著している。そこにはあるがままを仏に任せる絶対他力（他力本願）への回帰がうかがえる。

キリスト者であった遠藤周作は『海と毒薬』において倫理的規範（根本理念・戒律）をもたない日本人は集団心理（臨在感的状況把握）と現世利益《げんぜりやく》に左右されやすいのではないかと問いかけている。現世利益とは祈祷《きとう》や念仏などによって国家安穏や個人の息災・延命などの恵みや利益が受けられるという考え方である。

しかし九年後に出版された『沈黙』ではキリスト者における西洋と日本的思想の断絶

を経験してキリスト教の根源的な問題に突き当たり神が沈黙するという問題を提起している。

これは江戸末期に出版されたキルケゴールの著書『あれか：これか：ある人生の断片』や『死に至る病』にうかがえる絶望の過程においてのみ救いが得られるとする考え方に共通するものである。

こうした外来の文化文明の盛んな導入期は、逆に日本固有の精神文化の復興（レストレーション）期でもあったともいえよう。

性急な外来文明の吸収は表層的なものとなりやすく和魂や和心との折り合いがギクシャクしてくる。そのために、日清・日露戦争の頃までは効いていた「和魂の正統と思える解釈」のおもしが軽んじられるようになってくる。その結果、和魂の意義も曲解され喧伝《けんでん》利用されて日中戦争に至り、遂に太平洋戦争へと導かれていく。

だがこうした進歩的知識人たちの和魂や和心の掘り起しによる復興運動の成果も敗戦による米軍統治によって後退を余儀なくされる。

反対に復興運動がもたらした我が国固有の精神的文化を否定する進歩的文化人たちが代わって登場することになり引き続き現世に大きな影響を及ぼすことになっている。

戦後の大和魂

敗戦後、ＧＨＱ（連合国軍最高司令官総司令部：実態は米軍）が東京に設置されて、わが国は一時期その支配下に置かれ、政治・軍事・経済・教育といった独立国家として必要不可欠な統治機能を他国に任せることになった。

時の占領軍最高司令官マッカーサーは当初、戦後日本を十二歳の子供（精神的な空白状態）とみなして日本をキリスト教による文明開化の実験場にと考えていたようである。

一九四五年十二月十五日、連合軍総司令部から国家神道の解体と政教分離を目的として神道指令が発布される。

またトルーマンドクトリンの影響を受けてキリスト教を日本における共産主義への防波堤にする試みも併せて実践される。これが国際勝共連合（共産主義に勝つ）として韓国や日本において組織され、今日の統一教会へと繋がっているのである。

国家神道を解体してキリスト教に基づく教育改革を進めるとしているが、これは政教分離理論と明らかに矛盾する。彼らにとってキリスト教が宗教であるという感覚がなくなっていることを証明するものである。

この状態は彼らにとってのキリスト教が日本における神道と日本国民との関係になっていることを示すものである。

米軍統治下に置かれていた間、国民は戦前曲解されて喧伝された和魂に対する反省や反発心はもちろん、日本人特有の長い物（占領軍）には巻かれよ的情況倫理（その場の空気に倣う）を安易に受け入れることになっている。

その結果、自国のことは自分たちで決めるという戦前はごく当たり前であった国事や国家に対する矜持《きょうじ》（プライド・愛国心）がおろそかになってしまう。

それに伴って、日本古来の伝統から生まれた日本個有の精神（和魂《わこん》や和心）に対する関心も薄れて、個人が物質的な欲求や利己的な衝動、さらには欧米発の多様性に関わる各種イズム（世の中の空気）を臨在感的に把握し惑わされるようになってきていると感じられる。

国内では夫婦別姓やＬＧＢＴ・環境破壊問題さらにＡＩ導入問題などが明治維新前夜にみられた「西洋文明を性急かつ無批判に取り込む」形で声高に叫ばれている。またオレオレ詐欺やバイト感覚での強盗の横行、ＳＮＳ上での顔の見えない誹謗中傷《ひぼうちゅうしょう》や風評被害などがはびこっている。

何の疑問も良心の呵責も感じないでオレオレ詐欺やバイト強盗などに便乗しているような受け子たち。大人社会においては、ガバナンスの低下や収賄の横行が著しい世相（社会の風潮）にある。

個々の事案についてみれば必ずしも現在にかぎったことではないようであるが国家全

体の傾向として最近とみに目につくようになってきている。

以前のわが国には頑固な祖父（ジージ）や躾に厳しい祖母（バーバ）がほとんどの家庭に居て、存在感を持って家族の歴史（継続的無謬《むびゅう》性・習慣）を体現していた。

頑固さ（自存・自立の発露）は自律に裏打ちされた個性の現れとして先輩後輩の守るべき道理や原理原則の大切さを教え、社会においては周りの空気（臨在感的状況認識・ありもしないものをあるように感じること）に支配されない秩序（規範）のあることをそれとなく教えてくれた。

また躾は礼儀作法として非空想的造形（実際に目に見える）の象徴として女性の魅力を引き立てるだけでなく、お茶やお花を通じて日常生活に確かさと潤いを与えてくれていた。

頑固な祖父や躾に厳しい祖母を中心とした一家族が、国に代わって頼れる集団（拠り所）となって守り合うことで、家族の一員としての自己の誇りや集団内での協調性や連帯感、罪を犯したり秩序を乱すことへの抵抗感（家族や友人への顔向け・恥の意識）が身に着いた。

また仕切りがあってもないに等しい襖《ふすま》で仕切られた居住空間での日常生活を通して、他人への気遣いや忖度の妙技などが育まれてきた。

さらには、老いていく祖父や祖母の達者な言葉とは裏腹な体力や思考力の衰えを目の当たりにして、人間の限界（己の分限・身の程）を知らされると同時に命のはかなさについても思い知らされたものである。


今日では、核家族化が進んだことでかつては家族集団のもっていた自己存在の根拠（よりどころ）がなくなってきている。

そのためにキリスト教徒やイスラム教徒などがもっている根本理念（善悪の判断基準）を持たない日本人はその自律感覚（箍《たが》・自己規制）が大分と弛んできているようだ。個々人における箍が弛むと社会の秩序が乱れ、ひいては国家の存立をも危うくすることになる。


戦後たった七十余年の間に、千年以上にわたって築かれてきた国家とその国民性がそう簡単に変わるはずはないと思えるのだが。

私を取り巻く隣人や仲間はそれぞれに公序良俗《こうじょりょうぞく》の基本を心得ていて、それに則って行動し善悪に対する考えもしっかりもっていると思える。しかし、そのことがまさに私を含めて多くの人々がすでに臨在感的状況把握のウイルスにかかっていて無意識の中に世の秩序を乱すことに加担しつつそれを自覚しえないでいることの証ではないのか。

いったい自分の意見を言うだけ言ったら後は大勢《たいせい》に任せて安心という安易で無責任な態度のままで本当に良いのか。また権威や家柄・学歴を必要以上に評価しそれに従う旧態依然とした態度のままで良いのか。

これは対象の臨在感的状況把握（無いものを在るように感じる・ないものねだり）の行き過ぎであり、偶像崇拝にもつながる危険な考えで自由民主主義社会にとって最も危険な態度ではないのか。

このことから日本社会には、社会（衆・組織）と個人の間には目に見えない幕（透明だが強靭）が張られていてそこにバーチャルの桃源郷を映し出しているのではないかと思えるほどである。

今日仏典や聖書の言葉が人々に響かなくなって久しい。それは聖書や仏典の言葉や自身について顧みる人々がいなくなったからか、あるいは苦しみ悩める人々がいなくなったからか。

それとも宗教に行動を起こさせるほどの力がなくなったからか。あるいは自由民主主義社会の爛熟期にあって善悪の感覚が麻痺してしまったからか。

ほんとうはイエスやブッダが生きていた時代に比べて現在が格段に暮らし易い世になったからではないのか。自由放任が許される時代になったからではないのか。自由民主主義は今日、日本人にとって日本教ともいえる程に卑近なものとなっている。それ故に戒律という修業を必要とする尊い教えであることが忘れられている。

狼や蛮族さらには天変地異の激しい世にあってすべて自らの才と能力だけでサバイバルしなければならなかった時代。それがぬくと愛でられながら育っていつの間にか大人になっていた今日。その開きを埋める処方箋は果たして存在するのであろうか。

むすびに

日本人は大和心と大和魂の二つを内に持ちつつ歴史を紡いで来たともいえる。それは心と精神、或いは静と動といってもよいであろう。和心はなじむ、なごむ、なさけ、やさしさなどの情に通じる感性や感情ともいえるであろう。

一方魂は根性、意志、生命力に通じるといえる。心は文に向かい魂は武に向かう傾向をもっていた。時世に応じていずれかをより強く求めてはその反動で次は他方に傾くことを繰り返しつつ全体としては概ね中庸の道を歩んできたといえようか。

福沢諭吉著『やせ我慢の説』に「立国は私《ワタクシ》である、公《オオヤケ》ではない。……私こそが立国の要素になる」とある。この「私」(個)こそが自由民主主義国家の根幹ということであろう。諭吉のいう「公」とは大和心派の大衆であり、「私」は大和魂派の士《サムライ》をいうのであろう。自主自律に基づく自負心に裏打ちされた「個」こそが諭吉のいう「私」であろう。

この世を住みやすくするのも住み辛くするのもあなた次第である。権威主義や専制主義のもと他律によって安易に生きるか、それともこのなんともややこしい自由民主主義のもとに自律（自己規制）を確立して人間らしく生きるか。

家庭における躾は子供にとっての修行であり、義務教育は学校における修行である。大学や専門学校は修行（守・破・離）における破の段階に入る少し手前にあるといえる。頭でっかちになったり体だけの成長にならないためにはこの修行の過程をしっかりと踏み、踏ませる必要があろう。家庭・学校・社会が三位一体となってがっちりとスクラムを組むことで健全な修行体系が構築されるであろう。

大和心も大和魂もあくまで観念（臨在感的把握）の域をでない感覚であって個人個人によってまた時世に応じて変化するものである。

ただし冠である大和だけは現世に確かに存在する不動の大八州《おおやしま》（日本国土・領土）である。したがって呼べば必ず答えてくれる。時には優しくまたある時は厳しく。このアンカー（錨）が効いている限り日本国民が時世に流されて消滅することはないと信じる。

主要参考文献

内村鑑三研究第五一号（教文館：二〇一八・四）
遠藤周作著『海と毒薬』（新潮文庫：一九六〇・〇七・一九）
遠藤周作著『沈黙』（新潮文庫：一九八一・一〇・一九）
キェルケゴール著『死に至る病』齋藤信治翻訳（岩波文庫一九五七・〇六・〇五）
倉田百三著『出家とその弟子』（新潮文庫：一九四九・一一・一四）
サミュエル・ハンチントン著、鈴木主税訳『文明の衝突と21世紀の日本』（集英社：二〇〇六・〇四・〇八）
ジョン・ロールズ著『正義論』川本隆史、福間聡他訳（紀伊国屋書店：二〇一〇・一一・一八）
珍舜臣著『日本人と中国人』（祥伝社：一九七八・〇九・一〇）
津田左右吉著『文学に現れたる我が国民思想の研究』（岩波文庫：一九七八・〇一・〇一）
大江健三郎著『性的人間』（新潮文庫：一九六八・〇四・二五）
賀茂真淵著『万葉考』（人文学オープンデータ共同利用センター参考）

倉野憲司編纂『古事記伝』（岩波文庫：一九四〇・〇八・一六）
小林秀雄『本居宣長』（上）（新潮文庫：一九九二・〇五・二九）
釈徹宗著『天才富永仲基、独創の町人学者』（新潮新書：二〇二〇・〇九・一七）
平田篤胤著『出定笑語』（京都大学貴重資料デジタルアーカイブ参考）
新渡戸稲造著、岬龍一郎訳『武士道』（PHP文庫：二〇〇五・〇八・〇二）
古川哲史編さん『武道初心集』（岩波文庫：一九四三・一一・二五）
三島由紀夫著『葉隠入門』（新潮文庫：一九八三・〇四・〇一）
隆慶一郎著『死ぬことと見つけたり』（新潮文庫：一九九四・〇八・三〇）
シェリー著、石川重俊訳『鎖を解かれたプロメテウス』（岩波文庫：二〇〇三・一〇・二八）
正木晃『現代語訳理趣経』（角川ソフィア文庫：二〇一九・〇三・二三）
岡本太郎著『沖縄文化論』（中公文庫：一九九六・〇六・一八）
宮坂宥勝『密教経典　大日経・理趣経・大日経疏・理趣釈』（講談社学術文庫：二〇一一・〇七・一二）
折口信夫著『日本文学史』折口信夫全集・ノート編（折口博士記念古代研究所編さん：中

央公論社刊一九七一・〇三・〇一）
司馬遼太郎著『殉死』（文春文庫一九九一・〇一・〇一）
金子大栄校註『歎異抄』（岩波書店：一九八一・〇七・一六）
司馬遼太郎著『坂の上の雲』（文春文庫：一九九九・〇一・一〇）
ルース・ベネディクト著、長谷川松治訳『定訳　菊と刀』（社会思想社：一九九六・一一・三〇）
ルース・ベネディクト著、福井七子訳『日本人の行動パターン』（ＮＨＫ ＢＯＯＫＳ：一九九七）
若松英輔著『内村鑑三　代表的日本人』（ＮＨＫ「一〇〇分de名著」ブックス二〇一七・一〇・二二）
山本常朝、田代陣基著、前田信弘編訳『葉隠』（日本能率協会マネージメントセンター：二〇一九・一一・一〇）
司馬遼太郎・ドナルド・キーン著『日本人と日本文化』（中公新書：一九七八・一一・二〇）
有馬哲夫著『歴史とプロパガンダ』（ＰＨＰ研究所：二〇一五）

柳田国男、折口信夫ほか著石井正已編・解説『沖縄文化論集』（角川ソフィア文庫：二〇二二・〇六・一〇）

［著者］
稲田　寿太郎（いなだ・じゅたろう）

昭和 22 年　鹿児島県大島郡瀬戸内町清水生まれ
38 年　瀬戸内町古仁屋中学校卒業
陸自少年工科学校入校（横須賀市武山駐屯地）
41 年　神奈川県立湘南高等学校（通信制）卒業
47 年　青山学院大学英米文学科（夜）卒業
海上自衛隊幹部候補生学校入校（江田島）
51 年　海上自衛隊対潜哨戒機部隊勤務
平成 14 年　退官
15 年　東京海上日動火災保険（株）就職
23 年　退職

あなたはどちら派《は》 大和心《やまとごころ》 vs. 大和魂《やまとだましい》

発行日　2023 年 11 月 10 日　第 1 刷発行

著者　稲田　寿太郎（いなだ・じゅたろう）

発行者　田辺修三
発行所　東洋出版株式会社
〒 112-0014　東京都文京区関口 1-23-6
電話　03-5261-1004（代）　振替　00110-2-175030

http://www.toyo-shuppan.com/

印刷・製本　日本ハイコム株式会社

ISBN 978-4-8096-7984-1　定価はカバーに表示してあります
ISO14001 取得工場で印刷しました